Monarchy
The History of An Idea

09

新知
文库

新知
文库

09

XINZHI

Monarchy:
The History of An Idea

Monarchy: The History of An Idea

in 2003 by Sutton Publishing Limited

Copyright © Brenda Ralph Lewis, 2003

君主制的历史

[英]布伦达·拉尔夫·刘易斯 著
荣予 方力维 译

生活·讀書·新知 三联书店

Simplified Chinese Copyright © 2016 by SDX Joint Publishing Company.
All Rights Reserved.

本作品简体中文版权由生活·读书·新知三联书店所有。
未经许可，不得翻印。

图书在版编目（CIP）数据

　君主制的历史／（美）刘易斯著；荣予，方力维译．—2版．—北京：生活·读书·新知三联书店，2016.8　（2019.2重印）
　（新知文库）
　ISBN 978-7-108-05731-0

　Ⅰ.①君…　Ⅱ.①刘…②荣…③方…　Ⅲ.①君主制－历史　Ⅳ.①D033.2

　中国版本图书馆CIP数据核字（2016）第134042号

特邀编辑	张艳华
责任编辑	徐国强
装帧设计	陆智昌　康　健
责任印制	董　欢
出版发行	生活·讀書·新知 三联书店
	（北京市东城区美术馆东街22号 100010）
网　　址	www.sdxjpc.com
图　　字	01-2006-2658
经　　销	新华书店
印　　刷	河北鹏润印刷有限公司
版　　次	2007年12月北京第1版
	2016年8月北京第2版
	2019年2月北京第4次印刷
开　　本	635毫米×965毫米　1/16　印张13.5
字　　数	179千字
印　　数	19,001-24,000册
定　　价	30.00元

（印装查询：01064002715；邮购查询：01084010542）

新知文库

出版说明

在今天三联书店的前身——生活书店、读书出版社和新知书店的出版史上,介绍新知识和新观念的图书曾占有很大比重。熟悉三联的读者也都会记得,80年代后期,我们曾以"新知文库"的名义,出版过一批译介西方现代人文社会科学知识的图书。今年是生活·读书·新知三联书店恢复独立建制20周年,我们再次推出"新知文库",正是为了接续这一传统。

近半个世纪以来,无论在自然科学方面,还是在人文社会科学方面,知识都在以前所未有的速度更新。涉及自然环境、社会文化等领域的新发现、新探索和新成果层出不穷,并以同样前所未有的深度和广度影响人类的社会和生活。了解这种知识成果的内容,思考其与我们生活的关系,固然是明了社会变迁趋势的必需,但更为重要的,乃是通过知识演进的背景和过程，领悟和体会隐藏其中的理性精神和科学规律。

"新知文库"拟选编一些介绍人文社会科学和自然科学新知识及其如何被发现和传播的图书，陆续出版。希望读者能在愉悦的阅读中获取新知，开阔视野，启迪思维，激发好奇心和想象力。

生活·读书·新知三联书店

2006年3月

目 录

- 1　序
- 1　第一章　古代君主政体
- 23　第二章　亚洲君主制
- 43　第三章　君主制与教会
- 62　第四章　文艺复兴时期的君主制
- 79　第五章　绝对君主制与神授君权
- 100　第六章　1848，革命之年
- 119　第七章　君主政体在英格兰
- 142　第八章　君主立宪制
- 163　第九章　君主制的废除
- 182　第十章　王室名流的世界
- 203　参考书目

序

进入21世纪，君主制国家已寥寥无几，目前仅存十余个，此外还有若干独立公国和阿拉伯的酋长国。一度几乎是唯一统治形式的君主制，如今却显得不合时宜，它所寄身的民主世界已经近乎弃绝了这一制度所代表的一切：世袭特权、至高无上的阶级地位、财富特权，以及君主的特殊性乃至神圣性。

君主制与已成为当今世界主流治理形式的共和制有着本质区别。作为一种理念，共和制有其自身的哲学和意识形态基础，即利用知识和理性来改变生活环境，而君主制则迎合了人类心理中更深层次的某种东西：渴求得到权威庇护，而又盼望将这种权威托付给能够维护一种既定生活方式的可靠之人。

1789年"自由、平等、博爱"的口号喊出了由法国大革命催生的共和制精神。然而，在孕育出早期君主制的古代世界，这些基于人权和个体尊严的哲学理念是当时的社会所不能承受的。在充满危险的远古时代，生存时刻受到威胁，世界充满了决心毁灭人类的愤怒神灵，此时，超强的体魄和智识、人格的力量等领导者所需要的品质的重要性要远胜于那些理念。

在这种环境下产生的领导者通常是那些似乎能够与控制日常生活的无形力量沟通并对其施加影响的人物。武士、祭司等拥有这种特殊能力的人成为最初的君主，与此同时，由于他们能够亲近神圣力量，他们自己也笼罩上了某种像神一般的光环，而这距离"君神合一"的概念只有一步之遥。

在今天的日本、尼泊尔等传统型社会中，仍然保留着这种观念：日本的神道教和尼泊尔的印度教都允许皇室加入众神的行列。这在一神教国家是绝不可能的，譬如古代以色列的犹太人以及后来的欧洲基督教徒，他们绝不允许上帝以外的其他神明存在。《圣经》明确宣称，上帝是人们所需要的唯一权威。尽管以色列不顾上帝的反对拥立了国王，然而，由于他们有一位"忌邪的神"，犹太人从来没能使他们的君主与上帝完全融为一体。

信奉基督教的欧洲解决这一问题的方式则是强调君权神授，即君主是上帝所委任的，只对上帝负责的人。然而这并不意味着君主与上帝直接相通，其中还存在着"中介人"，比如中世纪罗马的教皇和教廷。罗马教廷宣称欧洲的国王是他们的臣属，他们有权惩处国王的忤逆行为。曾有几位国王与教廷奋力抗争，其中的一位——英格兰国王亨利二世——还引发了中世纪最大的丑闻：亨利二世与坎特伯雷大主教托马斯·贝克特发生龃龉，后者因此于1170年被谋杀。

直到文艺复兴于1450年左右兴起之后，欧洲的国王才有机会完全掌握自己的王国。古希腊罗马文化的复兴、新知识(the "new learning")、人本主义的发展等都颂扬人的自身能力，而教会内部的严重分裂则引发了叛逆性的新教改革运动，这些因素都有利于王权对独立地位的诉求。最终，一种更为严厉的君主制形式——绝对君主制——诞生了：国王的话语就是法律，国王的意志不容置疑，国王本人被神化，其决定不容置喙。这一类君主中最典型的代表就是法王路易十四，他的名言"朕即国家"简单明了地表达了这种绝对统治背后的基本信条。具有讽刺意味的是，同样是在文艺复兴运动时期，关于人权和个体尊严的思想产生了，而这些思想最终以一种极为暴力血腥的方式摧毁了绝对君主制。

英格兰用自己的方式与君主划清权限关系，从而成功地逃过一劫。英格兰的国王和王后们从未按照"君权神授"的思想来实施统治，曾试图如此的斯图亚特王朝则为他们的鲁莽付出了惨重代价：查理一世于1649年被斩首；他的儿子查理二世在1660年问鼎王位前被流放达十一年之久；查理二世的弟弟詹姆斯二世于1688年被废黜并被驱逐出英格兰。

英国人经历过一个短暂的共和制时期——即查理一世死后昙花一现的共和国，之后他们找到了一个既保留君主又让君主服从于议会控制的巧妙方法。君主立宪制于1689年首先在英格兰诞生；在这种制度下，君主拥有头衔但不实施统治。整整一百年后，反对绝对君主制的法国大革命爆发，由此催生了1848年横扫欧洲的自由起义。起义的雪球越滚越大，七十年之后，绝对君主制和神授君权在欧洲荡然无存。

随之而来的是共和制政府的全盛时期，这一体制到20世纪中叶已全面覆盖了中欧和东南欧。然而，君主制和王权并未像共和制理论所预言的那样彻底地退出历史舞台。在君主立宪制下，君主制成为凝聚国民忠诚的象征，王室也转而成为社会领袖或引领慈善公益事业的名流人士，君主制从而战胜了重重险阻，成功迈进新千年。

第一章
古代君主政体

人类并非生而平等，否则，就不会有国王、皇帝、贵族、领袖等佼佼者。在当今这个平等主义的时代，这种言论并不时尚，然而，作为人类生活第一驱动力的大自然却从未以平等为基石。人们的特征、能力和个性来自基因，而基因的分配却近乎于博彩，因而，总有一些人的禀赋要优于其他人。

现代社会里，人权是、或者理应是放之四海而皆准的原则。但是，虽然在法律与机遇面前或许人人平等，某些人却显然更善于利用机遇，在这一事实面前，理论就与现实分道扬镳了。领袖人物天生具有一种指挥若定的素质，足令平庸之辈服膺。人的天赋是一种神秘礼物，是智力、遗传以及纯粹运气的结合，天才人物就更是凤毛麟角。

多少世纪以来，从最初的原始社会到我们今天这个拥有太空探索和先进科技的时代，自然的不平等一直造福于人类社会。任何时代都需要出类拔萃的人物，人们需要他们排难解困，救苦救难，鼓舞人心；更需要他们在人类生死存亡关头寻找延续生命的方式。在人类早期社会，为减轻大自然的破坏力——诸如火灾、火山、洪水或异常天象，仪式、典礼、献祭和偶像崇拜都曾各显神通，然而，正是那些似乎有能力控制肆虐的大自然的人脱颖而出。他们逐渐形成了个人权力的印记，并最终创立了君主政体。

许久以来，尤其在英国，君主制度受到人们的敬畏，仿佛充满魔力。王室是特殊的，近乎一个独特的种族：他们仍是人，也会如常人一般死去，但他们在某种意义上又是永生的。这听起来有点荒诞不经，但它却是基于人类经验的。

在古代，巫医通过仪式化的舞蹈、奇特的姿势和灵丹妙药对本部落成员产生一种强大的影响力——他们有的指望他治愈疾患，有的期盼他能想出御敌之策。巫师似乎有能力呼风唤雨，还能在日全食时将月亮从太阳表面赶走。术士则能远距离诅咒或杀掉别人。今天，我们会说巫医拥有一些别人不甚了了的基本医学知识，巫师懂得如何观察天象并认识到日食只是暂时的现象，术士则对人类心理略有所知。但是，对于那些不了解这种魔术秘诀的人，这是十分慑人的能力——然而它也能给人以安慰。

这也是权力，而且是最重要的权力。不仅这些"魔术师"们因此上升到一个特别的社会地位，他们的家人也与有荣焉。随着时间流逝，魔术变成了家族事业和祖传秘诀。人们认为这种魔力代代相传，于是就出现了寡头政治。① 最初的"王位"继承人就是部落魔术的继承人，他们拥有向整个部落发号施令的知识和权利。他们的能力保证了其统治，而部落对他们的依赖性则保证了其传承。

或许在两万七千年前，甚至在更远古的时期，就已有巫师们开始施展魔力，此时，法国拉斯科、西班牙阿尔塔米拉和印度潘齐马里（Panchmarhi）的岩画家们已在描画他们猎捕的动物。这些史前艺术家们在半明半暗中，使用简陋的工具和原始的颜料，达到了高超的写

---

① Nicolson，第13页。

实水平，整体布局和颜色运用的技巧也十分出色。这些岩画虽于19世纪后半叶被发现，而直到最近，才被人们认识到，它们并非仅仅是眼睛所看到的那么简单。

许多岩画描绘了动物被长矛刺穿的情景。有些画几乎类似X光扫描图，甚至描绘出了动物的内脏。在这些证据基础上逐渐形成了一种理论，这种理论认为，史前岩画是一种乞灵法术的一部分，目的是为了提高狩猎的战果。岩画所处的岩洞深处，就像是庙宇或神庙，人们在此进行祈祷并举行相应的仪式。

很可能，主持这种仪式的就是巫师或巫医。这些岩洞充满了神秘莫测、阴森恐怖的气氛，是变魔术的绝佳舞台：小油灯（史前时期的照明工具）在黑暗中摇曳，阴影在岩壁上晃动，巫师的声音在洞穴和凸凹不平的岩壁间回荡。在这种情景下，岩画会带上如梦似幻的超现实色彩。随后，猎人们带着被仪式鼓舞的激情出去打猎。如果人们满载而归，他们的成功就很容易被归功于巫师和他的仪式——以及岩壁上的岩画。

就像法国拉斯科（Lascaux）岩洞中的这幅作品一样，史前岩画可能是祈求获得丰富猎物的信仰仪式的一部分。（古代艺术与建筑）

史前穴居时代以及岩画并非孤立现象，即便曾经是，也为时不长。那些收获颇丰的狩猎场所会吸引众多家族，人群聚集不可避免地会带来竞争，而竞争则必然带来战争。大部分早期战争是为了争夺食物和水源，或是由于邻近部落入侵而爆发的。在狩猎野兽的过程中，人们已经能熟练地使用棍棒、斧头、弓箭等工具，将这些工具作为杀人武器易如反掌。狩猎中发展出的技巧——战略、战术、实施埋伏和发动突袭的胆量——在战场上同样被发挥得淋漓尽致。

在这种情况下，最富才干、最英勇无畏的武士自然会上升到指挥岗位上。他们本能地懂得如何及在哪里攻击敌人、如何防守自己的阵地，并能制定出作战计划、激励士气、赢得民心。他们如何知晓这些？他们的能力从何而来？人们不明就里，因而更加显示出他们的神秘莫测，而神秘感令他们的地位崇高无比。

战争与赢得战争对部落的存亡至关重要，因而武士将领不久就成为武士头领。在更大规模的部落群落中，他将成为最高头领，或是武士国王。在这个过程中的某个时期，史前时代的原始国王披上了巫师和巫医的外衣，甚至很可能就是这些人的后代。魔力与军事领导才能就这样融合于同一人之身，并焕发出强大的威力。①

这种现象的意义并不仅止于某个人登上权力的顶峰。这种地位的上升对人类社会演变具有至关重要的意义。在1890年首次出版的比较宗教学经典名著《金权杖》一书中，詹姆斯·弗雷泽爵士这样写道：

> 君主制的崛起似乎是人类脱离蒙昧状态的必要条件……一个人得到至高权力，便得以在短短一生中成就以往许多代人都不能实现的变革。而如果正如通常的情况，一个拥有超常智商和

---

① Nicolson，第14页。

能量的人,他就会毫不犹豫地利用这个机会。

即便一个暴君的胡作非为、专横任性,都可能打破、挣脱这种将人们牢牢地锁在蒙昧之中的锁链。而且,只要一个部落……服从于一个强大而坚决的意志,它就在邻近部落眼中变得令人生畏,走上扩张之路,而这在人类历史早期往往对社会、工业和智力发展极有益处。①

然而,国王的崛起并不仅仅是政治上的发展,这种现象与宗教有关,与君主拥有凡人无法企及的神灵护佑的思想密切相关。由此出发,很容易将国王们视为神灵在人世上的代表,最终,国王自身就成为神灵。这种转变并非难事。古老的巫师和术士们被认为具有和神灵沟通的能力,他们因此成为现实的精英。神灵对且仅对他们"说话",他们向人民传达神谕。

作为武士的国王们同样希望保持自身和家庭的显赫地位。成功来自成功者出众的天赋,但这种看法却很少符合偶像崇拜时代的思考逻辑。相反,当时的人们认为,最明显的解释是,取得战争胜利的领导人得到了神灵的直接引导。当国王和神甫或魔术师们的功能融为一体的时候,他们就有了维持自身至高无上地位的双重动机。

最终,生活中最重要的要素全都被归于国王。首先,当早期狩猎、采集阶段的文明让位于农耕文明的时候,土地上的农作物产出变得极其重要,这个要素便被归于国王。其二,如果神灵以他们在尘世的代表——国王——的形式在场,那么祈祷会更加灵验,从而指导宗教仪式的权力也属于国王。此外,军队的领导权也被国王们垄断了,国王们还有权选择自己的继任者。继任者往往是前一任君主的儿子,他们

---

① Frazer (*Lectures*),第 84—85 页。

成为国王的前提是，遗传给了他们与先辈同样的能力与素质。所有君主制政体中最伟大的形式——王朝——通过这种方式建立与传承，与神灵崇拜如出一辙的君主崇拜也同样得到传承。因此，国王出于自身的利益考虑，力图让自己看上去有如天神。苏美尔是美索不达米亚最早的已知文明，这里的君主利用自称神圣来支撑自己的权力。他们说，他们的权力与生俱来，由神灵，也就是他们的父母赐予。此外，他们还披上了已知神明的外衣，被人们当做地之神塔穆斯的化身，或是天空之女神易斯塔在尘世的代理人来崇拜。此后，到了公元前23世纪，阿卡德国王萨尔贡取得了辉煌的军事业绩，建立了美索不达米亚第一个大帝国，在其统治末期，他宣称自己已成为神祇。

在古代世界，国王们的神圣地位在埃及表现得更为显著。神圣的法老王是埃及宗教的一部分，法老王被认为是冥神奥西里斯的儿子荷鲁斯的化身。法老王从冥神奥西里斯那里继承到了死后延续生命的能力。古埃及的文明以法老王为中心，将古老的巫师和术士的权力制度化。生于荷兰的埃及古物学家亨利·法兰克福博士认为："埃及的国王是大自然的能量流入国家的渠道，是人类的奋斗取得成果的途径。"

即便在中王国（公元前2080—前1640年）时期，当国王的概念发生变化之后，法老王们仍然保持着尊贵的地位：这时，人们认为，虽然法老本身不是神，但是他们受命于神灵，并向神灵负责。这就是君权神授观的由来。后来，这种思想一度在欧洲辉煌鼎盛，却也在欧洲遭遇到灭顶之灾。

不论自身即神祇还是受命于神，法老王们都拥有超乎凡人的神力，例如"阴灵"或活力。人们认为法老王会传布maat（真理、正义）——正义、稳定与真理——维持季节轮回、使神圣的秩序永恒。他们是最初由冥神奥西里斯建立的自然与人类之间持续关系的源泉。法老王们用自己的神力规定了日出与日落之间太阳在天空中运行的路线，还决定了尼罗河潮水的涨落。

神圣的法老王们的重要性无以复加,他们甚至认为自己比神灵更加法力无边。公元前20世纪,法老王阿蒙内海特一世的圣名为韦海姆-马苏尔,意即"不断重生之人",他的话表现了法老无所不能的力量:"我制造燕麦。尼罗河的每次转弯都遵从我的意旨。在我的统治时代,没有人忍饥挨饿;因为我,人们在和平中生活。"

阿蒙内海特本是一个出身低贱的高官,一个篡位者,他在位时,仍需经受政治斗争的风风雨雨,在使用权力时也要面对竞争:公元前1962年,有人发动了一场针对他的"宫廷阴谋",他被自己的卫兵暗杀。然而,在古埃及,死亡并不是结束。人们认为,一位死去的法老王仍有能力照顾自己的人民,并在死后行使权力,为人民造福。神性也是他的遗产:阿蒙内海特的儿子谢索斯特斯一世即位时自动继承了他父亲的神圣地位。

当然,人们将法老王视为神祇有赖于古代埃及众神的长期持续存在及其所受到的崇拜。公元前14世纪,当"阿顿虔诚的儿子"年轻的阿蒙霍特普四世(他更广为人知的名字是埃赫那吞)决定改变古埃及宗教基础的时候,祭司们做出了激烈的反应,原因就在于此。埃赫那吞废除了多神教,独尊太阳神阿顿(后称为阿顿-拉神),他保留了自己作为法老的神祇地位,将自己定位为介于阿顿和埃及人民之间的中间人。

这种做法极大地颠覆了古埃及人的精神生活。至高无上的创造之神阿蒙被废黜了;人们还被禁止继续崇拜冥神奥西里斯;神庙墙壁上埃及神祇的名字全部被抹去;先前的一切宗教节日也被废除。而修建在与日出时阳光首先射入的山谷平行的位置的特埃阿玛纳的主神庙与阿蒙神庙不同,仍是露天迎接阳光。

但是,即便神圣的法老王也无法改变人们对古老神祇的传统信仰与崇拜。普通埃及人拒绝改变自己的信仰。祭司们宣布埃赫那吞亵渎神灵，他本人则是一个异教徒。埃赫那吞于公元前1336年死去后，被埋葬在一个简陋的小坟墓里。在他的继任者图坦卡门统治时期，阿蒙的祭司们重掌权位，所有埃赫那吞的名字和他的画像全部被损毁，他修建的所有纪念碑也都被推倒。此后，直到公元1世纪基督教崛起，埃及人才开始背离他们的古老信仰。在此之前，法老的神圣地位和无远弗届的权力都来源于古老的诸神。

此后很久，皇室，准确地说是帝王的神圣地位开始在古罗马出现。公元前29年之后不久，恺撒大帝的甥孙兼养子盖约·尤里·恺撒·屋大维安努斯攫取了权力：虽然他没有称帝，而是满足于"人民之父"和"第一公民"这种称号，但他最终以奥古斯都的名号取得了罗马第一个皇帝的地位。奥古斯都及其后几任继位者死后被尊为神。罗马为祭祀他们建立了专门的神庙。一般而言，罗马人对宗教十分宽容，渊源自罗马帝国各地的各种信仰都被允许在罗马存在。每种信仰都可以建立自己的神庙，但是有一个条件：他们都必须承认罗马皇帝是神。唯一不遵从这一条件的是犹太人，因为犹太人信仰耶和华，认为耶和华是唯一的上帝。确定这一基调的是尤里·恺撒，他于公元前44年被刺杀，在刺客们被逮捕并接受惩罚

尤里·恺撒，罗马的军事天才，首任罗马"皇帝"奥古斯都的叔祖。（布里奇曼美术图书馆）

后，恺撒被奉为神。罗马皇帝持续三个世纪被尊奉为神，当罗马帝国于公元313年成为基督教国家之后，西亚和埃及仍将罗马皇帝奉为神明。

将国王奉为神明这种做法并不局限于某一地域，而是全球性的现象。在美索不达米亚、中国、印度和罗马这些相距遥远的地方，都发生了这种现象，而这些地域之间并没有关联。例如，在墨西哥的阿兹特克，伟大的发言人特拉托阿尼（Tlatoani）就被视为神灵，

像罗马万神殿的主神朱庇特一样装束的克劳迪亚斯皇帝。（梵蒂冈博物馆）

人们尽力避免直视他们的容颜。这种信仰与古犹太人十分相似；古犹太人认为，直视上帝将招致死亡。不仅如此，人们认为国王是如此神圣，甚至他的双脚都不应接触地面。1519年11月，伟大的发言人蒙特苏马二世，即著名的蒙特苏马皇帝，首次会见入侵墨西哥的西班牙征服者赫尔南·科尔特斯时，那些亲自为国王抬轿的阿兹特克贵族的行为就表现出这种信仰。

科尔特斯手下的伯纳尔·迪亚兹·德尔·卡斯蒂罗写道："蒙特苏马走下轿子……王公大臣们搀扶着他站立在镶嵌着金银珠宝的翠绿羽毛制成的精美华盖下，整个场面富丽堂皇。伟大的蒙特苏马衣饰华美……足蹬拖鞋……鞋底为金质，前半部装饰着宝石……许多王公大

臣……走在他前面，打扫他即将驻足的地面并铺上地毯，以免国王的双脚沾上土地。没有一个人敢于看他的脸。"

在被西班牙人征服之前的美洲，在"Tahuantinsuyu"——意为"四方"，更为人所知的名字是印加秘鲁——人们十分尊崇萨帕印加（即最高统治者），以至没有人有资格与他共同进食。他总是独自用餐，每天两次，一次在早上八点钟，另一次在夜幕降临之时。女仆捧着金银餐具，而国王则用手抓取食物。如果萨帕印加的精致羊驼毛外衣上落上了汤汁或者饭菜，他会立刻更衣，脏衣服则被焚毁。如果他的衣物上有他的毛发，仆人则会将其吃下，这样就不会有人触摸到他神圣身体的任何部分。

像对待阿兹特克人的国王一样，人们不得直视萨帕印加。在接见来客时，仆人会在他面前展开一块紫色面纱，这样人们就不能看到他的脸。这种礼仪令所有得近天颜的人心生敬畏。1532年，另一个西班

马丘比丘（"男子汉峰"之意），安第斯山脉深处的要塞，是保卫印加首都库斯科的众多堡垒中的一座。(Martin Latham)

牙征服者弗朗西斯科·皮萨罗带领一小队人进入印加首都库斯科，他手下一个年仅十五岁的侍从佩德罗·皮萨罗亲眼目睹了某位行省总督在进入萨帕印加阿塔瓦尔帕的宫殿时迟到的情景。

四十年后，佩德罗·皮萨罗在《发现与征服秘鲁王国》一书中写道：" [萨帕] 印加规定了 [总督] 瓦亚拉斯省长从自己的领地往返的时间。他回来迟了，于是带着水果做礼物，来到印加面前。瓦亚拉斯省长在印加面前抖做一团，竟然瘫倒在地。"

萨帕印加被视为太阳神印缇之子，因此，人们出现这种反应也不足为奇。在天空中光芒四射的印缇代表着维拉科查——地球上所有生命的赐予者、一切事物的主人。自然地，阳光下的一切都属于萨帕印加。土地是他的，土壤是他的，人民是他的财产，"太阳的汗水"黄金属于他，"月亮的泪水"白银也属于他。

君主们被赋予这样庞大的权利与义务，以至于他们需要为臣民的生存负责。无可避免地，这也带来了风险。[1]在某些地方，这导致了一种残酷的结局。一旦国王年事已高，体力衰弱，整个人群的利益就都陷入险境。国王要为土地的丰饶与否负责，因此，土地也会随着国王的衰弱而变得贫瘠。人们为解决这些问题，杀死年老的国王，代之以更加年轻而富有活力的继任者。

在这种背景下，灵魂被束缚在肉体之中。虚弱的肉体意味着孱弱的灵魂。人们认为，最好在国王的灵魂变得过分虚弱之前杀死他，在他死亡之际抓住他的灵魂并将其注入年轻的继位者。这种弑君行为在整个古代世界都有上演。人们往往认为，如果一个君主得以自然死亡，灾难就在眼前，尽管弑君行为本身往往在最后一个时刻才会进行。

例如，在古代柬埔寨，当长老们确定病重的君主无法康复之后，国

---

[1] Frazer (*Golden bough*)，第228页。

王就被以匕首捅死。在中非的刚果,部落头领被视为土地及其产物的唯一保护者,他的自然死亡就意味着世界末日。为了避免这种灾难,垂死的酋长将被他选中的继承人杀死。

然而,这种死亡方式远不止得到被害者默许那样简单:这正是酋长亲自下的命令。1732 年,在非洲的意大利传教士麦罗拉·德拉·索兰多(Merolla de la Sorrento)在《刚果王国游记》中揭示了这种习俗的结果。

> 让我们接着谈谈魔术师们的死亡,他们往往心甘情愿地死于暴力。我只想谈谈……著名的大地之神刚果酋长。所有庄稼最初的果实都被奉献给他,因为人们认为庄稼都是靠他的力量生长出来的……他宣布,自己的肉体不能自然死亡,因此,每当他知道自己来日不多,无论是由于疾病还是衰老……为了传位给他希望能够接任的门徒,他就会召唤他前来,命令他将绳索套上自己的脖子,或是用一根大棒敲打自己的头部,杀死自己。他的门徒也将遵从他的命令……这种悲剧是当众进行的,目的是为了让继承人获得天命,得到使土地物产丰盛的力量,而这种力量是由逝去的前辈赋予他的;他们认为,如果不这样做,土地将变得贫瘠,世界将从此毁灭。①

在阿兹特克人统治的墨西哥,弑君以仪式化的形式进行。被害者不是国王,而是被选中的国王替身。每年,当庆祝为阿兹特克文化创世神之一的泰兹查里波查(Tezcatlipoca)而设的节日之时,就要选出一个十六岁或十七岁的年轻男子来担任"本年度国王"。

---

① Frazer (*Golden bough*), 第 232—233 页。

这一年中，在位于特斯科科湖畔的阿兹特克帝国首都特诺奇蒂特兰城里，这个年轻人可以肆意过着骄奢淫逸的生活。有专人负责教会他吹奏笛子，他将身着华服，臂缠金镯，腿饰金铃，头戴花环，还有八个用人专职服侍，满足他的一切愿望。在当"国王"的这一年中，他甚至可以随意要求年轻妇女做自己的床伴。

在下一个泰兹查里波查节到来之前约三个星期，这个年轻人将穿上武士酋长的服饰。到节日前一个星期的时候，人们开始尽情享受盛筵和舞蹈，而所有庆祝活动的中心就是"国王"。在节日当天，"国王"将踏上一只独木舟，驶向特斯科科湖岸边的一座小神庙。走上神庙台阶时，他会一路摔碎这一年的享乐生涯中吹奏过的所有笛子。他登上台阶，成为数千名人祭中的最后一名。由精英祭司们充任的刽子手每天的工作就是剖开人们的胸膛，向太阳神慧兹罗波西特利（Huitzilopochtli）献上跳动着的心脏。[1]随即会有另一个年轻人被选中，接替死去的"国王"的位置，在来年的节日中以相同的方式死去。

弑君在被殖民以前的非洲最为常见。当时，非洲有数百个小王国，这些小王国的生存都依赖于神灵的喜怒，许多小王国似乎都随时准备牺牲自己的君主来确保神灵的佑护。因此，在蓝色尼罗河峡谷中的法祖克尔（Fazoql）王国，国王们面临着骇人听闻的悲惨命运。在这里，国王的任务之一便是坐在一棵专为此用的大树之下主持正义。但是，如果国王由于疾病等原因连续三天未能出现在"法庭"，他的亲属和大臣们就会宣布他为不受欢迎的人。他对人民、国家甚至自己的牲畜都不再有用，因此，他必须被绞死。但这并不是一次简单的处决。绞索上装着两片锋利的剃刀，当绞索在国王脖子上收紧时，他的喉咙会被割断。直到19世纪，法祖克尔的弑君行为仍在上演。

---

[1] Lewis（*The Aztecs*），第62—63页。

当然，弑君的原则也会被滥用。埃及古王国麦罗埃的历史可追溯到公元前三百年左右，在这里，祭司们决定国王的生死。表面的理由是，神谕决定了国王的生死，但更实际的目的可能是出于私人的原因和政治的考虑，或是王朝的需要。祭司们如果心目中有了比现任君主更听话的国王人选，就会利用这个习俗除掉现任国王。无论如何，只要命令已经发布，国王们就应当服从；在许多世纪中，他们确实是这样做的。然而，据希腊历史学家迪奥多罗斯·西库罗斯记载，在公元前3世纪中期，有一位麦罗埃国王登上了国王宝座却不打算遵从祭司的命令去自尽。他就是阿卡马尼，他最终安息的坟墓是麦罗埃的第一座金字塔。阿卡马尼也被称为厄嘎梅尼斯（Ergamenes），他在希腊受到教育，接受了个人主义、自由意志和逻辑思考等希腊思想。像这样的国王不太可能成为习俗的奴隶，阿卡马尼正是如此。当阿卡马尼接到要求他自杀的命令后，他率领全副武装的士兵来到神庙。这一次，死去的是祭司，而不是国王。

在古代世界的其他地方，国王即是神、他们有责任和义务为臣民献身的观念并不普遍。例如，苏美尔王国早期国王自称神灵的做法并没有在美索不达米亚地区后来的王国中广泛传播开来。这里的传统更注重实际，长老会只在危机时期才选出国王，这与罗马人后来选择执政官的做法十分相似。君主的角色是解决危机，保境安民。神圣的是君主的使命，而不是国王本人。那些为纪念美索不达米亚的君主而遗存的浅浮雕和塑像中就体现了这种君主观：与埃及高大的法老王肖像不同，这些作品中的国王与真人一般大小。

在古希腊，君神一体观——事实上君权本身——也并不流行。在这片坚定的共和制城邦土地上，孕育出了最初的民主思想，这里是不太可能接受君神一体思想的。在公元前4世纪，就连马其顿王国的亚历山大三世——即亚历山大大帝，在企图称神时也在热爱自由的希腊人面前碰了钉子。这与沙文主义有点关系。希腊人在马其顿人面前很有优越感，他们觉得马其顿人是野蛮人。雅典政治家和雄辩家德摩斯梯尼甚至称亚历山大的父亲菲利普二世国王是一个"伤风败俗的流氓……在他那个地方，我们连一个像样的奴隶都买不到"。

独裁者亚历山大不是一个典型的马其顿君主。马其顿的国王不是至高无上的统治者，也不是神灵，他们是经选举产生并得到军队批准的君主。如果他们失去了公众的支持就会被表决下台，他们的权力是有限的而非绝对的。按照这种制度，国王是"同级中居首位者"，他们必须经常证明自己配得上君主的权威。在亚历山大之前，没有任何王家排场、礼仪或标志性象征。马其顿国王甚至没有一件更显高贵的衣服：他们与贵族穿同样的服装。

亚历山大认为自己在生活中地位崇高，根本不愿被这种观点束缚。他相信，神圣的血脉在他的血管中流动，他自称是传说中的希腊英雄阿喀琉斯和赫拉克里斯的后代，他甚至称自己的父亲菲利普二世为我"所谓的父亲"。因此，亚历山大的专制倾向和所要求的敬意远远超过了马其顿的国王概念，也超过了希腊人所愿意接受的范围。

希腊君主制勉强维持到了公元前8世纪，即亚历山大出生前的四百年。当君主制被认为仅仅适用于较大的部落团体时，长老会取而代之。这种治理形式起源于克里特岛，后来传播到希腊大陆，第一个接受的是斯巴达。在拉哥尼亚等君主制得以延续的地方，国王是军事和宗教领袖，但长老手中的权力与国王一样强大。因此，早在亚历山大之前，希腊人就已经习惯于"委员会治理"，委员会成员经选举或口头表决产生。

然而，当马其顿的菲利普历经近二十年斗争赢得了对希腊城邦的霸权地位之后，情况发生了变化。公元前338年，菲利普已经取胜，但两年后就被刺杀。当时年仅二十岁的亚历山大继任为王，但希腊城邦拒绝接受他。在雅典等城邦的默许下,底比斯于公元前336年及第二年两次爆发叛乱。亚历山大的回答则是摧毁底比斯,将所有底比斯人贩卖为奴,并下令其邻国瓜分底比斯群岛。

此后,希腊人别无选择,只有臣服于亚历山大的军事天才之下。在科林斯会议上,除斯巴达之外的所有城邦都选举亚历山大为唯一领袖,由他领导将爱奥尼亚的希腊殖民地从波斯人手中解放出来的战斗。此后,这些城邦授予了他亚历山大所要求的"神一般的荣誉"——其中某些城邦是出于感激,但其他城邦则并非心甘情愿。无疑令他们宽慰的是,亚历山大的远大抱负令他远离希腊,开始了征服世界的旅程,他建立的庞大帝国疆界远至已知世界边缘——印度海岸。亚历山大死于公元前323年,享年仅三十二岁。希腊人派到他床边吊唁的使者头戴王冠,这或许是为了表示敬意,但也或许是对他的王图霸业的一种嘲讽。

希腊人对君神合一观念的反感既是出于政治考虑,也有哲学渊源。而在古代的以色列,宗教原则向君神合一观提出了更为严峻的挑战。这是由于耶和华的本质——耶和华比任何其他神对其信徒的要求都更严格,他要求犹太人绝对服从他。在犹太人与耶和华建立关系的初期,他要求独享人们的崇拜,这一根本原则在描述耶和华如何策划犹太人逃离埃及奴役的《出埃及记》中确立:"我是耶和华你的神,曾将你从埃及地为奴之家领出来。除了我以外,你不可有别的神。不可为自己雕刻偶像;也不可做什么形象仿佛上天、下地和地底下、水中的百物。"[①]

但是,耶和华要求的服从程度从来未能轻松实现,也很少得到彻底执行。《圣经》里充满了犹太人如何不断偏离正道、如何违背耶和华的意志仿效邻居、如何崇拜异教的神,以及先知们如何经常性地告诫

---

① 出埃及记20:2—4。

这些行为将导致可怕惩戒的描述。

在先知们最严厉的警告中，有些是关于犹太人册立国王的要求。犹太人没有古老的萨满教、巫医或术士的传统，因此他们的祭司们从未变成国王或是建立皇朝。在古代以色列的早期，联系松散的部落在"士师"的统治之下，而士师主要是军事领导人，他们在抵御邻近部落袭击的斗争中取得了一些胜利。时不时地也会涌现出"代言人"来解救犹太人的苦难。在古代的美索不达米亚及邻近地区，弱小国家前景十分暗淡，它们早晚会被更加强大的邻国推翻乃至吞并。为了避免这种命运，犹太人决心，他们必须要有一位国王来建立中央政府，建立国防，以更加平等地面对敌人。

耶和华和先知撒母耳不支持这种想法。以色列是一个神权国家，君主是一个外来户，这种世俗政府制度是神权的竞争者。这两者从本质上是相互排他的。撒母耳立即认识到，在以耶和华是至高无上统治者、他的约法就是最高原则的土地上，君主制的存在就会构成一个悖论。他预料到，以色列拥有国王的那天，就会开始悔不当初。他以周围国家的专制政权为例，就国王的行径向以色列人提出警告。这种预期并不光明：

> 管辖你们的王必这样行：他必派你们的儿子为他赶车、跟马、奔走在车前……也必取你们最好的田地、葡萄园、橄榄园，赐给他的臣仆……你们的羊群，他必取十分之一，你们也必做他的仆人。那时你们必因所选的王哀求耶和华……①

人们对撒母耳的警告置若罔闻。犹太人坚持要立一个王，于是得

---

① 翻译取自《圣经（合和本）》。以下皆同。——译注

到了扫罗，一个来自以色列十二部落中之一最小部落的便雅悯人。"扫罗"的意思是"被请求的"，但是，如果以色列人以为他们将得到一个像其他的国王一样的王，他们就错了。

与其他君主相比，扫罗王毫无皇家的威仪与显赫。他没有宫殿，就在自己的家乡迦巴的一棵树下管理政事。他没有建立官员、顾问或公务员的队伍。他没有可称为常备军的队伍，他手下的士兵装备也极差。他甚至不是全职国王，他同时还是个农夫。

与古代世界的其他君主不同，扫罗不能自封为神，甚至不能拥有神授君权。相反，扫罗必须证明自己的能力。幸运的是，一次军事危机使他得到了自己需要的敬重。约旦河畔的一个城镇基列雅比被亚扪人包围了，雅比人主动请降，却惊恐地发现亚扪人的王拿辖意欲剜出他们的右眼。扫罗召集军队，将亚扪人驱走。基列雅比的人们和他们的右眼得救了。

后来，扫罗在对摩押人等邻国的战争中同样取得了胜利。但是，国王实际而世俗的关注很快开始与扫罗的宗教义务发生的冲突。《圣经》中描写他时常不能遵从先知撒母耳教导他的神示。扫罗最后的不服从行为，表明了担任国王和军事领导人的同时又遵从上帝教导的困难之处。

在吉甲，面对着拥有三万辆车和六千马兵的庞大的非利士军队，扫罗非常惧怕自己被歼灭，因此他违反了规则。撒母耳曾告诉扫罗等一个星期，等他到来之后再献上开战之前的燔祭。撒母耳来迟了，扫罗不敢继续等待，就自己向上帝献上了燔祭。扫罗不服从先知，受到的惩罚是失去了自己的王国。

上帝已经选择了取代扫罗的另一个王——犹大部落的耶西最小的儿子大卫。大卫当时还太年轻，不能掌权，因此扫罗保住了王位，但不再得到上帝的指引。扫罗疯狂地嫉妒大卫，又时常深陷忧郁之中。他几次试图杀死大卫未遂，但大卫并没有等多久就登上了王位。公元前1048年，登基两年后的扫罗最后一次在基利波与非利士人对阵，并殁于是役。此时，撒母耳早已死去。扫罗已经无法与上帝交流，上帝拒绝回答他的祈祷，扫罗因此求助于灵媒，一个隐多珥的交鬼妇人。这个妇人应国王的请求招来撒母耳的灵魂。撒母耳很不高兴受了打扰，并告诉扫罗，他是自作自受："耶和华已经离开你，且与你为敌，你何必问我呢……因你没有听从耶和华的命令，所以今日耶和华向你这样行。并且耶和华必将你和以色列人交在非利士人的手里。明日你和你众子必与我在一处了。"①

此后不久，在基利波战役中，扫罗的军队被非利士人歼灭，扫罗和他的儿子约拿单都被杀死。他们的尸首被斩首，尸身被钉在非利士城市伯珊的城墙上。

大卫更接近犹太人最初要求立王时所想象的光辉伟大的国王形象。大卫从迦南人手中夺取了耶路撒冷。他将这里建设成一个伟大的城市，并为自己修建了一座宫殿和一座壮丽的神庙。他最终征服了非利士人，非利士人从此再也未能对以色列构成威胁。大卫征服了一个又一个敌人——亚兰、摩押、亚扪、阿拉姆、大马士革和耶斯列山谷——直到将一个弱小的国家转变为一个庞大的帝国。大卫自己则成为最高等级的英雄国王，他至今仍在犹太人中享有这样的盛誉。

但是，大卫征战途中的战争行为却接近残酷暴虐。例如，无论按照任何标准，摩押人所遭遇的命运都是一种暴行。

> 他又攻打摩押人，使他们躺卧在地上，用绳量一量；量二绳的杀了，量一绳的存留……琐巴王利合的儿子哈大底谢，往大河去，要夺回他的国权；大卫就攻打他，擒拿了他的马兵一千七百，

---

① 撒母耳记上28：15—19。

大卫为扫罗王演奏音乐，以抚慰国王严重的抑郁情绪。（布里奇曼美术图书馆）

步兵二万。大卫将拉战车的马砍断蹄筋，但留下一百辆车的马。大色马的亚兰人来帮助琐巴王哈大底谢，大卫就杀了亚兰人二万二千。①

尽管大卫的帝国战争伴随着血腥暴力，《圣经》中却明确写明，他始终拥有上帝的宠爱，并得到他的佑护。但是，上帝对大卫私生活中的某些事并不这样宽容。大卫设计杀死拔示巴的丈夫赫人乌利亚之后与拔示巴通奸。尽管大卫曾经发誓不会伤害扫罗王的家人，还是杀死了扫罗的七个后代。父亲的罪行似乎报应在孩子身上。例如，大卫的大儿子暗嫩诱奸了他的异母妹妹她玛。大卫的家族中还有诸多手足相残、叛乱与背叛的故事。

大卫的儿子和继承人所罗门于公元前965年左右即位，他的智慧、财富、耗资巨大的大规模建设计划以及他给以色列的名字带来的巨大荣耀，令他威名远播。像他的父亲一样，所罗门是一个绝对的统治者，随着他享国日久，他越来越像一个东方君主，而不是一位遵从上帝律法的国王。

在所罗门的光辉形象背后，是一个从消灭竞争对手开始统治的、

---

① 撒母耳记下8：2—5。

爱好复仇的独裁者。所罗门怀疑自己的异母兄弟亚多尼亚有意争夺王位。即令这个阴谋确实存在，亚多尼亚也为之付出了生命代价。曾任大卫王军队元帅的约押与所罗门王发生冲突，在神庙里寻求庇护时，约押被所罗门王的手下谋杀。所罗门王的后宫充陈着近七百名正妻、三百名妃子，违反了犹太男子不得与非犹太人结婚或发生关系的神圣戒律。①所罗门王不仅数次违背信仰结婚，而

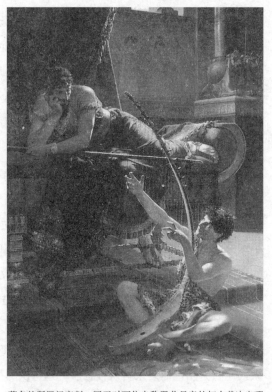

著名的所罗门审判，国王对两位自称婴儿母亲的妇女裁决出哪一位是真正的母亲。（布里奇曼美术图书馆）

且为自己的非犹太裔新娘们准备了自己的神庙，她们可以在那里崇拜自己的异教神。在《圣经》中记录的以色列人所犯下的所有罪行中，崇拜偶像或允许他人崇拜偶像是最大的罪行。

所罗门王的荣光代价高昂，而承担这一代价的是以色列人民。国王对人民课以重税，这些税赋未必是金钱形式；有一次，二十个城市及其人民被交给提尔的海勒姆王，因为海勒姆王为所罗门王庞大的建筑计划提供了大量木材——黎巴嫩著名的雪松。他的建设工程如此浩

---

① 出埃及记34：12/15—16。

大，以至生活在以色列的迦南下层阶级的人数不足以提供所需要的劳动力。所罗门王因此不得不强迫劳役，迫使他的犹太臣民中的三万人成了奴隶。他们每三个月中要为提尔德海勒姆王工作一个月。

所罗门王死于公元前926年左右，十二个以色列部落中有十个借机逃离了王室奴役。这十个部落不肯接受所罗门王的儿子罗波安为下一任国王，而是趁机脱离以色列，建立了一个王国，自立了一位国王。曾经统一的王国分裂为北部的以色列王国和南部的犹大王国，这就是大卫王的庞大帝国的结局。公元前9世纪初，王国所有领土都失去了，两个王国的犹太人都回到起初的状态，又成为常受邻国劫掠的分裂弱小国家。最具破坏性的是，犹太人失去了军事能力，从此之后，最终的灾难已成定局。

公元前772年，当时正处于顶峰状态的亚述是世界第一大军事强国，亚述灭了以色列国，将其臣民分散到帝国各地。公元前586年巴比伦攻陷耶路撒冷，导致犹太人在其后近五十年中流离失所。公元前529年，犹太人返回家园，但后来再次被征服，这一次的征服者是亚历山大大帝。

后来，公元前142年，马加比王朝将以色列从异族统治下解放出来，犹太人又赢得了独立，也再次迎来了国王。但是，这一时期仅延续了八十年，罗马人就来了。公元70年，在持续数年的叛乱之后，罗马人以惯有的无情手段镇压了叛乱，并将这个国家的名字改为巴勒斯坦，命令犹太人离开。直到近两千年之后，犹太人才再次返回家园。

无疑，撒母耳说犹太人将会后悔要求立王之时，他就是这个意思。

第二章
亚洲君主制

在全世界,君神合一观念的生命力最长久的地方就是亚洲。1945年,日本在第二次世界大战中战败后,获胜的美国人及其盟国要求裕仁天皇放弃自己作为神的地位,这充分表明了君神合一观念的威力。当时,日本处于一片废墟之中,经济已被摧毁,军队被歼灭,广岛和长崎两个城市被原子弹夷为平地而且被放射性物质污染,从天照大神那里直接遗传了神圣血统的裕仁除了同意之外,别无选择。

但是,许多天皇的臣民,尤其是那些老人,拒绝接受天皇也是一个人的观念。有些人不能接受一个神变成了普通人的惊人事实,于是宁愿剖腹自杀。据1962年哈罗德·尼科尔森的记述,只要东京存在着这样一个神般人物,就足以令普通日本人恐惧和颤抖。仅仅是经过皇宫前面的护城河都会令日本人产生敬畏之情。①

无独有偶,尼泊尔人仍将已故国王比南德拉视为印度教主神之一毗湿奴神②的化身。2001年,这位国王与其他几位王室成员一同被自

---

① Nicolson,第17页。
② 毗湿奴(Vishnu):和大梵天及湿婆神一起构成印度教最重要的三位主神,代表世界的保护者,为印度教的护持神。——译注

泰国国王普密蓬·阿杜德（左）和诗丽吉王后以及王储玛哈·哇集拉隆功，摄于1999年，其国家自1932年开始实施君主立宪制。（新闻图片）

己的儿子迪彭德拉王储谋杀。尼泊尔的民主力量迫使比南德拉接受了君主立宪制，但这种制度并没有削弱这一古老的信仰。

在泰国，普密蓬·阿杜德国王至今仍被视为半神半人，一个不同凡人的生物，尽管他自从1946年即位后，民主选举与军事政变反复不断，使得国王在政治上已经成为一个虚位元首。

国王的二表弟那利萨·查克拉邦斯（Narisa Chakrabongse）说："他在人们心中的地位如此之高，远远高于普通人或是一个道德领袖，因此人们甚至不能说自己与他有关系。"那利萨在曼谷的皇宫里与国王的孩子们一起接受教育，说这话时已经是1995年。

日本和中国的君主制历史可以追溯到史前时期的传说，而泰国君主制则相对比较晚近，起源于1238年，那一年，素可泰王国宣布独立。今天，素可泰时期被视为"过去的黄金时代"。人们认为当时泰国是一个和平富裕的地方，心满意足的人民在公正的、父亲般的国王统治之下,而实际情况却非常残酷。素可泰王国必须为保住自由而艰苦战斗,其对手首先是柬埔寨的高棉王国,后来是入侵的缅甸人,再后来是欧洲人的蚕食鲸吞。

最先到来的欧洲人是葡萄牙人,1497年至1498年间,他们先于其他欧洲人发现了绕过非洲海岸线到达亚洲的航线。葡萄牙商人最早于1511年来到暹罗——现在的泰国。其他国家的商人——荷兰人、英国人、西班牙人,还有中国人和日本人——很快也来到东南亚,前来寻求传说中的财富。在一个半世纪中,暹罗国王垄断了外贸。不幸的是,王室未能控制传教士的活动,也没有对应邀向暹罗人传授现代战争知识的军事顾问们的野心产生多大作用。不久,建议和援助看起来就像是在进行宗教颠覆和殖民化。结果,1690年之后,外国人被驱逐出境,暹罗在其后一个多世纪中处于自我孤立状态。

暹罗王朝在这些孤立的岁月中覆灭了。1767年缅甸人入侵暹罗,包围了暹罗首都阿育陀耶并将其焚毁,还屠杀了皇室成员,暹罗王朝因此覆灭。幸存下来的皇室成员连同大量战利品和九万名俘虏一起被带回缅甸。暹罗从此陷入十五年的无政府状态与内战之中,直到1782年昭丕耶却克里将军控制了国家,并称王登基,宣称自己为拉玛一世。①

此时,欧洲在亚洲的存在已经超越过渡期,商人和传教士们建立了远离本土的据点。欧洲人,尤其是英国人和法国人,正急于前往亚洲。在19世纪的时间里,暹罗发现自己同时在两线作战:1852年,西面的缅甸沦为大英属国,东边的柬埔寨和老挝则在1863年及三十年后落入法国手中。

拉玛四世(蒙固王)于1851年至1868年间统治暹罗,他已经预见到这种情况即将发生,而且也看到了欧洲人遇到反抗时的可怕先

---

① 泰国却克里王朝自此开始,又称曼谷王朝。——译注

例。1842年，中国皇帝拒绝赋予欧洲人贸易权，结果导致第一次鸦片战争，落后的中国军队被彻底击垮。此后，欧洲人迫使中国皇帝赋予了他们如此之多的权利和特权，他们在中国简直可以为所欲为。1856年至1860年间的第二次鸦片战争，欧洲人从中国皇帝那里得到了更多的让步，中国从此任由欧洲人进行剥削，而其统治者却对此无能为力。

蒙固王不愿让却克里王朝陷入同样的陷阱。中国皇帝固守其古老传统——包括中国人传统上对蛮夷以及所有外国事物的鄙视——的时间太久了。蒙固王与中国皇帝不同，他认识到了现代化的重要性，并聘用了欧洲顾问来帮助他推动暹罗政府、司法和军事的现代化。这是一个艰巨的任务。暹罗极其落后，没有通信系统，实行小农经济，运输只能依靠牛车和大象。蒙固王的儿子拉玛五世朱拉隆功于1868年即位，他同父亲一样认识到，贪婪无情的西方世界是不能视而不见的。朱拉隆功开始对主要西方国家进行了一系列访问，这在当时的亚洲君主中是不同寻常的。他研究并吸收了西方文化、传统、政治组织和技术后回到暹罗，像他父亲一样，他相信，只有继续推进自己王朝的现代化进程，才能使它免受殖民统治。同时，朱拉隆功完全认识到他必须慎之又慎。殖民地化绝不仅仅是外国军队开进来凭武力占领国家，还有润物无声的更加微妙的方式——这种方式等到发现时往往为时已晚。例如，当英国的维多利亚女王建议英属东印度公司在暹罗修建一条铁路时，朱拉隆功立刻警觉起来。技术援助、尤其是对铁路网络这种对国家发展十分重要的方面的援助，是暗中进行殖民地化的一种方式。因此，这位国王礼貌周全地拒绝了这个提议，他说："暹罗还不准备建铁路，因为我国经济落后，人口较少。牛车目前是最常用的运输方式，现在完全足用。"在时机仍不成熟的借口背后，朱拉隆功找到其他欧洲国家，请求他们投标并提出修建铁路系统的计划。最终，这位国王在这些方案中做了选择，将这个建设任务交给了几个国家联合完成,其中任何一个都不能对暹罗的主权提出挑战。朱拉隆功国王还自己设计了保证政府稳定、可持续的方式;他广纳嫔妃,共养育了七十七个子女,其中王子三十三名,公主四十四名。他的众多王子王孙可以充任部长、官员和公务员,通过这种方式,朱拉隆功将王子王孙和皇亲国戚们安插在暹罗的重要岗位上,又通过联姻确保得到这个国家最显赫的家族的政治支持。

最终,朱拉隆功将自己的王国从一个为古老传统羁绊的落后国家转变为一个自觉而非被迫实现现代化的国家。然而,颇具讽刺意味的是,朱拉隆功的改革并不包括君主制自身的西方化。今天泰国实行的君主立宪制直到1932年才开始施行。其民主宪政则从1974年才开启,即便那时,法律中仍残存着旧式专制主义的遗迹,律令明文禁止对"神圣的"国王或君主制提出任何批评。

尽管如此,在亚洲君主中,神的地位并不意味着王室可以为所欲为。印度的孔雀王朝、笈多王朝和拉基普特王朝都被认为渊源自天神,拉基普特人甚至将自己的祖先追溯到太阳、月亮和火神。在所有这些王朝中,国王都被视为神在地上的代言人。但是,这种地位也给国王们带来十分具体的职责,在公元前250年以印度文撰写的《政治经济理论》一书中,对此有过详细的论述。

> 他应当通过战胜淫欲、愤怒、贪婪、虚荣、骄傲和喜悦这六种敌人,控制自己的感官,通过陪伴老年人获得智慧……通过主动行动确保安全;通过行使权威令臣民服从自己的职责;通过学习科学课程保持个人的原则;通过领导人民致富、造福人民来赢得民众爱戴……如果一个国王充满活力,他的臣民就会同样充满活力。如果他鲁莽冲动,他的臣民不仅将同样鲁莽冲动,而且将消耗掉他的工作成果。此外,一个鲁莽冲动的国王很容易落入

敌人之手，因此国王应当永远清醒理智。①

《政治经济理论》一书并没有局限于概括性说教，它还为国王每日作息安排制定了细致的规划原则。

> 他应当将白天和黑夜都划分为八个纳利卡［相当于一个半小时］……其中，白天的第一个八分之一，他应当派出看守官，处理收支账目；第二个时段，他应当关心市民和村民的事务；第三个时段，他应当接受黄金收入，并且任命总督……在第五个时段，他应当与大臣们书信来往，并听取间谍收集来的秘密情报；在第六个时段，他可以放松娱乐，或是独自冥思；在第七个时段，他应当管理大象、马匹、骑兵和步兵；在第八个时段，他应当与总司令一起考虑各种军事作战方案。在一天结束时，他应当进行晚祷……②

1526年之后，信奉伊斯兰教的莫卧儿人首次入侵并征服了印度北部，尽管他们信奉一神教，却出于政治考虑，接受了相同的神祇为自己的印度祖先。扎希尔·乌德·丁·穆罕默德，即著名的巴布尔皇帝，实际上是闻名遐迩的蒙古领导人成吉思汗和帖木儿的直系后裔，但他却被视为一位神或半神的统治者，因为这样的形象使他的新臣民比较容易接受。莫卧儿帝国的皇帝们因此被视为安拉在地上的影子，也被称为"真主的光芒"。但他们并没有躺在神祇的光环下睡觉。伊斯兰教对炫耀财富没有异议，真主安拉对富人与穷人一视同仁。这种观念使得

---

① Kautilya, Book 1,第七章。
② 同上，第十九章。

莫卧儿帝国的皇帝们随心所欲地以各种方式炫耀自己的财富。他们的宫殿由精雕细刻的大理石制成，大理石上镶嵌珠宝，饰以优美的图案。帝国宫廷的官员们服饰精美，珠光宝气，皇帝本人更是富丽堂皇。他身着绫罗绸缎，头巾上缀着一串串珍珠，颈上挂着许多珠宝项链。

莫卧儿皇帝贾汗在1630年至1653年之间修建了著名的泰姬陵。他总是在孔雀御座上处理政务——之所以称为孔雀御座，是因为华盖之下站立着两只由珠宝制成的孔雀。据说，1526年巴布尔赢得的战利品之一、著名的"光明之山"钻石被用来做成了孔雀的一只眼睛。这种铺张奢靡是有意为之。皇帝的外表越令人炫目，服侍他的大臣和仆役越多，他的权力和威仪就越令人瞩目。每次莫卧儿皇帝出巡时，不是坐在轿子上，就是坐在华丽的象轿中，他们总是由数百名脚夫、数百头大象、骆驼和数百辆推车前呼后拥，极尽奢华之能事。皇帝御用的帐篷由装饰着丝绸流苏的印花棉布制成，宫廷命妇们的排场规格也大致如此，她们乘坐着覆以丝绸罗帐的镀金轿子。①

虽然外表煊赫慑人，莫卧儿帝国皇帝的权力并没有表面看起来这般强大，若得不到半独立的地方统治者的合作，他们的御旨也无法在整个印度颁行。②在幅员辽阔的帝国中，莫卧儿帝国皇帝实际上与控制城镇乡村的各地地主和地方长官、聚敛用来供养奢靡的帝国生活的财政收入的工薪官员等结成合作伙伴。只要皇帝符合如《政治经济理论》中所描述的充满活力的理想君主形象，这个制度就运行良好。不幸的是，当奥朗则布皇帝于1707年驾崩，莫卧儿帝国从此失去了有为君主。他死后，爆发了一场破坏力巨大的争嗣之战，此后帝国陷入无政府状态，地方豪强得以攫取权力，拥兵自立。王公诸侯们建立了大

---

① Mazumdar，第111—114页。
② James，第5页。

大小小的新国家,最终,莫卧儿皇帝成了傀儡,帝国名存实亡。

1858年,英国人镇压了印度起义之后,强迫莫卧儿帝国末代皇帝巴哈杜尔,即扎法二世逊位,这是对莫卧儿帝国的最后一击。早在1857年英国人便实行对其进行统治,而起义则是反抗英国统治的最后一搏。此后,巴哈杜尔国王一直被囚禁。

英国在印度的统治持续了九十年,但事实上这种统治肇始于——英王詹姆士一世派去觐见莫卧儿皇帝贾汉季①的大使——托马斯·罗爵士到访印度。罗爵士是一个手段圆熟的外交家,他高傲的态度正中傲慢的贾汉季下怀。从1615年到1619年,罗爵士在印度逗留四年,回国时,他带着一封贾汉季皇帝给英王的信,这封信谦恭备至,表明他以为英王在英国的地位如同东方君主一样至高无上。贾汉季写道:"让所有人在您的门前致敬,所有君王如饮甘泉般从您的胸怀汲取智慧……"

更重要的是,贾汉季赋予了英国商人垄断贸易权,并允许英国人自由买卖、旅行。此时,英属东印度公司已经在印度活动了近二十年,但贾汉季的批准代表了他们的活动得到最终肯定。但是,1858年,当对印度的控制权从东印度公司转交到英国王室的时候,曾经令莫卧儿皇帝们头痛的现实情况依然如故。由于印度幅员辽阔,其边远地区距离遥远,而邻近的阿富汗的侵扰又必须用武装力量来防御,所有这些因素都使得英国人难以对整个南亚次大陆实行有效管理。

因此,英国人就允许印度土邦的王公们多多少少自行统治自己的领地。这些王公国占据了相当比例的印度领土——约百分之四十——但在所有欧洲殖民者中,英国人对君主制的经验最长久,他们了解君主的影响力有多么大。王公们一般可以按照自己的意愿统治自己的领

---

① 又译贾汉吉、查罕杰。——译注

地，但是这种无为而治的政策并非像表面看上去那样放任自流。这些土邦必须服从在整个英属印度殖民地实行的法律，例如1829年禁止殉葬的法律——即在去世丈夫的葬礼上将印度寡妇火葬的做法。英国人还向王公们的子女提供了接受英式教育的机会，无数年轻的王子因此得以进入最负盛誉的英国教育机构。这种做法起到了灌输英国价值观、使未来的印度君主们远离他们先辈的铁腕专制主义的作用。

在土邦内部，统治者们的权力远远大于君主立宪制下的英国国君所享有的权力。他们的话语就是法律，他们的意志至高无上，也没有议会与他们分权。然而，像莫卧儿皇帝们一样，他们的日子快到头了。随着1947年印度独立，虽然某些王公们本人仍属于世界上最富裕、最著名的人士，但印度土邦及其统治者的好日子结束了。作为对他们特殊地位的认可，这些王公们不受英国移交主权安排的约束，而是可以选择加入信奉印度教的印度还是信奉伊斯兰教的巴基斯坦。

与之相类似的，英国人在马来亚也采用了一种间接控制的制度，在多个州中都保留了苏丹。这不可避免地终结了苏丹作为神明的地位。他们作为神的地位以及对他们的极度尊崇与英国人的实用目的不相容。对英国的君主概念而言，马来王室完全不可理解。马来人传统上认为，苏丹的血管中流动着白色的血液，他拥有超人的力量，他在公众面前举止冷漠，他独享黄色衣物、幔帐、华盖等，这证明了他是一个神。苏丹即位时就成为一个全新的人，他举行一场礼仪性的沐浴以象征同旧我的分离。与此同时，苏丹获得了新的神圣地位，并将这种圣洁传递给象征伟大地位的王权标志可比萨兰（*kebesaran*）。这种王权标志与英国在王室加冕时使用的权球或节杖不同，不一定是特定物体，可以是乐器也可以是武器。但是，一旦被注入超自然的力量，任何未经授权的人触摸它就会死去。按照传统禁忌，苏丹本人也是不能触摸的。在苏丹宫廷内部，有一种拥有独特词汇的专门语言用来描述苏丹的行动。①

英国人做了限制，但仅限于那些把苏丹置于远远高于凡人、凡人永远无法企及的地位的做法。例如，至为神圣的苏丹不参与国家事务。虽然苏丹拥有超自然的力量，但他并不做天神与俗世的联结纽带。他的存在本身就预示着吉祥，能够防止荒年、饥荒和疾病的发生。他的全部功能就在被动状况下发生和完成。②

在欧洲人到来之前近两千年里，马来亚的富有就引起了外国的注意。早在公元前100年，印度人就已经知道有一个黄金之地，那里不仅有黄金，还有香料、沉香木等奢侈品。

1403年，穆斯林商人建立了马六甲港，马来亚作为一个富饶的贸易区的吸引力在此时达到了高峰。最终，马六甲的穆斯林苏丹控制了马来半岛的整个西海岸，但他们的统治以及马六甲王朝本身的核心国地位却为时不长。1511年，葡萄牙人的到来揭开了尾声的序曲，随后到来的是荷兰人，以及更晚些的英国人。1786年，英属东印度公司在槟榔屿建立了一个贸易站。在三十年中，英国将荷兰人从他们的殖民地驱逐出去，英国冒险家斯丹福特·莱佛士和詹姆斯·布洛克从当地统治者手中占领了新加坡和沙捞越，英国成为马来亚唯一的外国势力。1874年之后，英国向各马来州派驻了殖民地官员，进一步从落脚点发展成为积极干涉。如果在其他地方，英国人的入侵必然会削弱王室的权力，因为英国势力实际上成为幕后的操纵力量。然而，在马来各州，英国人的插手却往往强化了苏丹们的角色。按照殖民地官员制度，苏丹们同意在除习俗和宗教之外的所有事务上接受殖民地官员的建议，表面看，殖民地官员是在帮助苏丹们改善他们的政府治理水平，

---

① Kershaw，第186—187页。
② 同上，第28页、第31—32页。

实际上，他们代表了英国利益悄然渗透马来半岛事务。

从实际情况看，只要殖民地官员不越界，这种制度效果很好。有些殖民地官员，如霹雳州的第三任殖民地官员休·洛，就对他们所在的州起到正面作用。洛给马来人留下良好印象，他为霹雳州修建了铁路和电话线，而此前那里从未有过这些现代事物。

但是，洛的一位前辈，1874年就任的J.W.W.伯奇却越俎代庖，引起了严重麻烦。伯奇是一个傲慢而过分热心的改革家。他有一个可怕的习惯，喜欢当众训斥霹雳州的苏丹。此外，他还希望废除债务奴隶制。这种制度允许农民将自己抵押给债主，换取经济援助。马来农民的经济状况一直很脆弱，他们利用这种制度来筹集资金，还清债务后，这种抵押就结束了。历史上，英国也曾经长时期存在过债务奴隶制度，而且这种制度包含着真正的人身所有权问题。19世纪早期英国人通过斗争废除了这一制度。但马来的债务奴隶与英国历史上的债务奴隶制毫无相似之处，伯奇却没有看到这种区别。结果，他的行为引起了人们的愤怒和憎恶。错上加错的是，伯奇又发布公告，称英国人打算直接统治霹雳州。这位殖民地官员的肆意干涉行为犯了众怒，1875年一群马来酋长派人暗杀了他。

最终，苏丹们不再甘心被英国控制，无论英国的控制方式有多么间接，因为他们认识到，他们的权力显然只及一个真正的国王权力的皮毛而已。在此情况下，英国人发现，出于政治考虑，应当强化苏丹们的权力，让他们成为马来人民的象征。最终，1948年成立马来亚联邦时，苏丹们交出了部分主权，但仍是本州的元首，控制着宗教和圣职授予权。今天，马来西亚是一个君主立宪制国家，王位在多个统治者之间轮流，他们这些人每五年一次召开会议，选举其中一人担任国家最高元首。

与马来西亚和印度不同，日本从来没有受到殖民统治，尽管第二次世界大战之后的美国军事占领带有某些殖民统治的色彩——其中之一便是，利用现有的君主实现美国人的目的。虽然"神圣的"日本裕仁天皇有很大的嫌疑参与了导致太平洋战争的侵略密谋，但很显然，如果美国占领军打算在日本实行有效统治，就不能没有他。阿道夫·希特勒、本尼托·墨索里尼都可以被消灭，德国和意大利可以在新的政治领导人领导下继续前进，但没有了裕仁的日本是不可想象的。

这种政策尽管令人厌恶而且有失公正，却是很明智的做法。日本人自幼就被教导，他们的天皇是一个神，他们则是草民，他们的任务就是保护天皇不受任何伤害。天皇如此崇高，人们认为直视天皇就会导致失明。甚至念出他神圣的名字都是被禁止的，他被称为"天子"。

对天皇的忠诚意味着愿意为他而付出生命。第二次世界大战中，当不得不面对疯狂的日本作战方式时，日本军人誓死效忠天皇的观念，让美国大兵感到既震惊又恐怖。日本武士守则《武士道》一书中说，失败远比死亡更糟糕。这不仅是一个无法承受的耻辱，也是对天皇的背叛。这两者中的任何一种都是剖腹自杀的理由，在太平洋的岛屿上，曾经有若干次，日本人竟要求获胜的美国人允许他们自杀。

1944年至1945年间，用自己的飞机撞击美国舰船的神风突击队飞行员们是这种冲动的另一个证明，参与自杀式冲锋的日本士兵同样如此。在蒙受耻辱之前死去的想法从未有过如此戏剧性的冲击力。而且，武士道精神并不仅仅局限于军队中，而是普遍存在于整个日本社会中，1945年日本战败后，平民中有大批人自杀。

这种反应令美国人确信，如果他们将裕仁当做普通战犯来对待，就会导致一场灾难。如果像许多人认为他应得的那样将他赶下天皇宝座，并按照很多人的希望将他押上法庭，日本社会就会陷入混乱。因此，出于政治考虑，裕仁仍保留了国家元首地位。美国人只敢将他从神变成人。

即便如此，事情仍然难度很大。日本人对君神合一的信仰可以追溯到远古时代，在距今两千五百多年前，即大约在公元前660年左右，天照大神的后裔神武天皇成为第一任"天子"。然而，这种无上地位之历史并没有那么悠久。在神武和第一百二十四任"天子"裕仁之间有漫长的一千多年间，天皇基本上湮没无闻，也不是什么神。在公元400年左右，皇族如此衰落，已经没有能力控制内战中的各个家族。拥有土地的强大

裕仁天皇和良子皇后，摄于1926年，天皇在这一年登基，六十三年后退位。（玛丽·埃文斯摄影图书馆）

军阀集团——大名——的力量也超出了皇权的控制范围，大名可以随心所欲地利用由武士组成的私人军队实现自己的野心。1192年，天皇为了恢复秩序，封源赖朝为第一任幕府将军，实际效果却是使天皇进一步边缘化，权力转移到这个新的政治领袖兼军阀手中。天皇及皇族从此销声匿迹，大部分时间幽居在皇宫里。日本出现连年内战，摧毁了作为皇族经济来源的产业，皇族的生计也因此愈来愈艰难，经济拮据到竟不足以维持宫廷礼仪之需。一位天皇等了九年，政府才筹集到足够的钱来举办他的登基大典。许多宫廷侍从逃离皇宫，到封地去谋生，京都的天皇身边只剩下寥寥无几的侍从，而这些个侍从也贫困到需要靠在京都街上贩卖诗歌或古董才能谋生。[①]

---

① Milton, Samurai William, 第20页。

睦仁天皇,即著名的明治天皇,其领导的政府在1867年后开始实施日本的现代化。(玛丽·埃文斯摄影图书馆)

1467年到1477年间,日本爆发应仁之乱,后土御门天皇的皇宫被大火焚毁,只好屈驾移居到一座破败宅院栖身,那里以细竹为篱,甚至无法阻挡在邻近街道上肆虐的群鼠前来光顾。后土御门天皇驾崩于1500年,皇室无钱购买体面的棺柩收殓,只得将其遗体停放在一个储藏室中。六个星期后,幕府将军细川正元出资让天皇入土为安。皇族们感激涕零,授予了细川正元一个难得的特权——允许他使用菊花与泡桐这两种皇室图案的徽章。①

幕府将军们并非总是如此慷慨。后土御门天皇的继任者后柏原天皇向幕府将军要求举行加冕典礼的资金,却被拒绝了。幕府将军给出的理由非常牵强。

他写道:"没有理由举行一个规模宏大的加冕典礼。如果登基的人不配当上天皇,什么样的豪华排场都不能让人民尊重他。反过来,如果他是一个值得尊重的人,也没有必要举行加冕典礼,因为他自然会获得应有的皇家威仪。"②

---

① Packard,第142—143页。
② 同上,第145页。

天皇们无足轻重，贫困潦倒，毫无权势，简直被视同无物，但在宫廷里，人们还在为他们举行各种空洞而繁琐的仪式。宫廷贵族巨细靡遗地按照传统礼节实行严格的等级制度。这一切仅仅是一种表演。但即便如此，人们仍热衷于追求能够成为贵族、在宫廷中占有一席之地的皇家特权。因为只要得到册封，他的等级就比最有势力但没有得到皇家封号的大名还要高。

1636年日本为排除欧洲宗教和商业活动影响而颁布锁国令。此后两个世纪中，日本的生活和习俗如化石般丝毫未曾变化。与此同时，外部世界却在前进，它们在社会、政治、工业、技术方面取得的长足进步都是日本所从未经历过的。1853年7月8日，四条黑色巨龙喷着烟雾和火星驶进江户市的一个港口并停泊下来。这一事件竟引发了一场恐慌，日本当年之落后可见一斑。神庙里挤满了疯狂拍手的人们，他们祈求神听到他们的祷告，派神风来将这巨龙及巨龙上的外族野蛮人吹走。庙里钟声大作，警告人们灾难即将来临，数千人逃往乡下避难。

这些巨龙事实上是马修·佩里将军率领的四艘美国蒸汽船舰队，佩里将军前来要求日本结束锁国政策，并与美国签订通商条约。在这个请求背后，是新建立的太平洋邮轮公司计划。日本处于从旧金山到中国上海的航线上，而在日本锁国期间，日本人因虐待甚至杀死不幸在日本海岸遇到海难的外国人而恶名昭彰。如果太平洋邮轮在日本海域遇到困难，公司绝不能让船员和旅客落入日本人手中。

佩里将军携带着一封美国总统米勒德·菲尔莫尔致日本天皇的国书，要求日本保护漂流到日本海岸的美国海员，允许蒸汽船购买煤炭，并开放港口通商。美国人还希望签订一个正式的贸易条约。佩里是一个老到的外交家，他以恰当的礼仪递交了总统的国书，但德川幕府的将军德川庆喜却十分清楚，这是一只套着天鹅绒手套的铁拳。显然，如果有必要，"野蛮人们"会毫不犹豫地用武力迫使日本开关。

1854年，佩里将军再次来到江户，代表美国总统与幕府将军签署了一项条约。随后，日本于1854年与英国、1855年与俄罗斯、1855年至1856年与荷兰签订了类似的通商条约。武士们长期以来的权力受到了挑战，他们发动武装起义进行抵制，但他们的抵抗是徒劳的：得到英国、荷兰和美国人支持的帝国军队远比他们强大。

然而，在很短时间内，日本人对外国新鲜事物的好奇心自然而然地压倒了抵制变革、墨守成规的冲动。年轻的新天皇明治于1867年即位，他自己就对钟表和剑器十分着迷，并热衷于收藏签名。他曾写信给教皇索要签名，教皇立即满足了他的要求，并用邮件寄还给他。① 这种对一切西方事物的迷恋是以天皇神权的复兴为基础的。1868年2月，明治废除了幕府制，宣布复辟帝国君权，将日本重建为一个神权国家，明治本人成为国家元首。在现代日本的主要设计师伊藤博文起草的《宪法义解》中，对这种神权的全面性做了概括。

  天地分离时，就有了神圣的皇位。神圣的天皇自天而降，凌驾于所有臣民之上，天皇必须得到崇敬，不可稍有侵犯。天皇应当尊重法律，但法律对他没有约束力。不但不得对天皇本人有所不敬，也不能以言语亵渎他或议论他。

明治因此得以指挥如意，享有人们的绝对服从。服从圣谕的习惯深深地印刻在日本人的脑海中，因此他们迅速迈出了惊人的步伐：采纳了民选政府、议会、现代纺织厂、电灯电话、电影院、蒸汽轮船、公立学校制度，还有英国人训练的新海军和德国人训练的陆军。最终，日本人在四十年中从中世纪一举跃升为现代国家，这只及欧洲所用时

---

① Packard，第217页。

间的十分之一。

　　与此同时，中国皇帝则正在品尝暹罗和日本得以巧妙避开的悲惨命运的苦果。1839年至1842年间的第一次鸦片战争发出了一个可怕的警告。这场战争的起因是英国和法国试图在中国建立一个贸易据点，而英国利用非法向中国出口鸦片的方式企图迫使中国点头。这些遭人憎恨的"外夷"在第一次鸦片战争之后签订的《南京条约》中得到了他们渴望的条款：中国皇帝被迫开放五口通商，并将香港割让给英国。1856年至1860年间的第二次鸦片战争结束后，中国又做出了更多的让步，开放了更多口岸，但后果却更加严重——1860年的《天津条约》事实上将整个中国放开任由外国蹂躏。

　　从心理学意义上，对中国而言，这种命运比死亡还要难堪，因为中国在许多个世纪中都自认为比世界上任何其他国家都要优越：中国皇帝是天下共主，其他国家都应当纳贡称臣。

　　1793年，英国使臣乔治·马戛尔尼勋爵来到中国朝廷。他带来六百箱礼物，仅是运输这些礼物就用了九十辆四轮马车、四十辆手推车、二百匹马和三千名苦力。①这些礼物的数量和质量令中国皇帝乾隆龙颜大悦。然而，马戛尔尼惊诧地发现，这些礼物被看做是乾隆的外藩英王乔治三世献纳的贡品。清廷派去迎接马戛尔尼的驳船上装饰的旗帜上赫然写着"携贡红夷使臣"。自然，马戛尔尼觉得中国人傲慢且难以相处。在他拒绝向中国皇帝叩头之后，中国人也同样这样看待他。

　　虽然马戛尔尼是一个经验丰富的外交家，中国的风俗还是令他难以招架。他未能理解，中国皇帝早已习惯于繁琐的礼仪，按照这种礼仪，那些得见天颜的人都必须极度地自我谦抑。叩头的意义在于，它表明叩头者承认他们是天子的藩属。这一仪式要求来访者四肢着地，

---

① Paludan, 第217页。

以额触地九次。马戛尔尼无论如何不能接受这个，作为一个来自通过议会控制英王、从来不认为国王是神的贵族阶层的一员，叩头实在太有损他的尊严。

但对中国人来说，这种表演完全是正当的，因为他们认为皇帝是至高无上的，臣民叩头是皇帝应当享有的正当待遇。当你来到一个将天与地联系在一起的御座拥有者面前，唯有彻底臣服才是正道。皇帝是天子，每当他在太阳升起时登临御座，就将福泽洒向世界。有一次，一位中国皇帝致信教皇时这样自称："在龙座上解释神的意旨的、天下所有君主中最伟大的君主。"他还写道，他很愿意赐予教皇的侄女极大的荣耀，允许她成为自己的一位嫔妃。教皇的回应不得而知。

中国皇帝在宗教中扮演着神的角色。他主持国家祭祀活动，向祖先献上供品，他还要主持由九道程序组成的大祀。中国的神祇"端坐"在他们的灵位上，皇帝向他们献上玉石、丝绸、供果、酒和肉。皇帝身着盛装，直到所有供品都按照礼仪在火炉中焚烧之后，才会换装。①

虽然皇帝是神，但皇帝的权力并非来自他们自身。哲学家孔子教导他们，皇帝受命于天，但上天会根据一个皇帝的品德与统治能力而决定是否收回成命。儒教认为，上天的不满会表现为自然灾害等现象，如水灾、饥荒、瘟疫、地震，甚至仅仅是异常的气候。据说上天的所有力量、所有惠泽都通过皇帝布施，但他需要对神负责，必须在北京的天坛向神明们汇报。每年冬至，就轮到皇帝在神灵面前五体投地，请求上天佑护他的帝国。

皇帝们也形成了在遗诏中向自己的臣民自我剖析的惯例。一般写遗诏时皇帝都已步入暮年，享国之日不久矣，这些遗诏往往令人惊讶地坦率，有时甚至是在自我贬低。例如，1719年，中国帝制历史上治

---

① Lewis（*Ritual Sacrifice*），第 140—143 页。

国时间最长的清朝康熙皇帝对自己长达六十一年的统治写下了一份相当令人沮丧的自我评估：①

> 我已经享受了我的国家的崇敬和世界的财富，世上再无我所没有的东西，也没有我未曾经历过的事情。但是现在，我已年迈，却片刻难以安寝。因此，我视国家如敝屣，财富如尘土。如果我死去时不发生什么麻烦，我就心满意足了。②

人们视皇帝为半神半人，一方面将他置于远远高于普通人的地位，另一方面又将他本人当做一个凡人，这种观念很大程度上是拜孔子所赐。他为皇帝制定的个人行为守则针对的不是一位永恒的神，而是一个存在弱点的凡人，这种原则的基础是一种封建伦理，类似于欧洲的贵族义务；统治者负有慈善公正的责任，并应当尽可能避免使用武力。这不是对一个迫使万民臣服的、无情的绝对统治者的建议，但也不是将统治者置于政治限制之下的君主立宪制，而是居于两者之中，同时又保留着皇帝与神的联系，从而令他高居人上。

儒教理论的问题在于，它最终会导致一种僵化效应，皇帝和朝廷陷入一种远离真实生活的固定程式。不幸的是，中国不像日本，没有伊藤博文。伊藤博文像暹罗的朱拉隆功一样，曾在国外生活多年，研究了其他国家的政府、军事、政治和社会制度，然后回国将这些应用在自己的国家。在中国，智力发展被窒息了，现代化的影响力未能冲破束缚，整个国家在落后状态中昏睡，醒来时却为时已晚；于是，两次鸦片战争使中国陷入了一个饱受剥削压榨的耻辱世纪。

---

① 据信，康熙遗诏中无此内容。——译注
② Paludan，第192页。

1900年的义和团运动是"和谐正义的拳头"反抗"外国魔鬼"的尝试,目的是让中国和中国皇帝恢复旧日的荣光。然而,在20世纪初,一种更为强大的冲动——民族主义情绪已然兴起。在孙逸仙博士的带领下,民族主义者们认为清朝是非汉人的满人于1644年篡位的结果,而此时它已到了穷途末路。1895年之后,外国势力已经开始利用中国的衰落,在中国攫取领土,其中,英国窃据了威海卫,俄罗斯占领了辽东半岛,法国人在占领越南之后又在广东安营扎寨。中国人无力回天。随着1908年慈禧太后的去世,朝廷的权力丧失殆尽,帝国的权威几乎已不复存在。慈禧这个女人心机深沉,冷酷无情,她垂帘听政统治中国近五十年,整个朝廷已极度腐败,太监和朝廷命官搜刮过手的钱财已是司空见惯。溥仪皇帝本人则是个年仅六岁的孩子,极其柔弱。

1911年10月30日,少年皇帝命令成立完全由平民组成的新内阁,这是史无前例的变革。这标志着满人权力的消亡,标志着两千多年帝国统治的结束,以及作为共和国的中国的开始。溥仪不再是一个神,他于1967年以一个花匠的身份死在中华人民共和国。他从一个神圣的君王沦落为一个卑微的劳动者,真是令人不胜感慨。

第三章

君主制与教会

君神合一的古老信仰需要做一些调整,才能为信奉单一神明的宗教所采纳。而对于相信不同神灵执行不同职能的异教信仰者来说,将帝王作为新神纳入众神图则是件轻而易举的事情。例如,"神圣的"罗马皇帝直接加入了众神的行列。这种安排下不存在竞争关系,新成员加入老成员的俱乐部也没有什么可大惊小怪的。

但对于犹太教、基督教和伊斯兰教等一神教,情况绝非如此。在这些宗教教义中,只有一位真神,只允许信徒崇拜这一位神。圣经中的《新约》《旧约》对此做出了至少十七次告诫。例如,《出埃及记》中对这一点的记载毫不含糊。

> 神吩咐这一切的话,说:"我是耶和华你的神,曾将你从埃及地为奴之家领出来。除了我以外,你不可有别的神。不可为自己雕刻偶像;也不可做什么形象仿佛上天、下地和地底下、水中的百物。不可跪拜那些像,也不可侍奉它,因为我耶和华你的神,是忌邪的神。"[1]

---

[1] 出埃及记 20:105。

此外，基督教不会允许国王与基督耶稣竞争地位，伊斯兰教也无法想象国王威胁到先知穆罕默德的地位。具有讽刺意味的是，古埃及中王国的异教信仰找到了解决方案。按照他们的观念，国王不是一个神，甚至不是神在地上的化身，而是神任命的人。他仍是一个人，但同时他又是神圣而不可侵犯的，神赋予了他要求臣民服从的权利。冒犯国王就是冒犯了神，而这种渎神行为罪大恶极，将遭到极刑。

证实君主的崇高地位需要能够揭示他们与神之间关系的仪式，这就是英国君主加冕典礼的目的。在今日欧洲君主制国家中，只有英国还在举行这种典礼。英国君主加冕典礼有一系列的庄严仪式，其中，在某一个终极时刻，神将自己的灵体与新君主融为一体。为新国君举行涂油礼时，一般以画十字的方式将圣油涂抹在君主身上的五个地方：双手、胸部、两肩之间、肘部和头顶。此外，还要用圣油在额头上画一个十字。

涂油礼标志着君主跨越了一个门槛，成为上帝选中的人，但加冕典礼的每一个阶段都有宗教意义，整个典礼充满了宗教象征，众多王权标志的运用就是证明。君主身前的三把剑代表仁慈、精神正义与世俗正义。第四把则是伟大的国家之剑，代表了王权。由黄金饰带装饰的王袍代表真诚与智慧，君主手持的权球代表基督教统治权，并标志着君主是英国国教的最高领袖。王冠代表了皇家尊严。两个节杖中，带有十字架的节杖象征着君主在耶稣之下的世俗权力，带有鸽子的节杖则标志着君主的精神角色。所有这些象征共同代表了君主所承担的巨大义务，并期望君主将终生履行这些义务。

英国加冕典礼也是君主制从早期渊源发展至今的一个缩影。君主的宗教权力可以从君主所穿的僧侣式长袍以及将君主指定为教会仆人的仪式上看出来。四把剑或许象征了文明美德，但也令人回想起加冕典礼中的尚武元素。欢呼仪式从前是由骑士们用剑敲击盾牌，现在则是呐喊"国王万岁！国王万岁！国王万岁！国王万岁！"在加冕典礼结束时，贵族们在君主面前跪下，宣誓成为他的"全身心的臣属！"①

英国加冕典礼仪式已经有一千多年历史，最初是公元973年由坎特伯雷大主教圣邓斯坦为英王埃德加设计的。基本上，直到最近一次英国女王伊丽莎白二世于1953年举行的典礼，英王加冕典礼都大体维持了原貌。邓斯坦是一个都市化的人，他在欧洲广泛游历之后，认识到欧陆国王们举行的隆重加冕典礼极大地增强了他们的地位。为了使英王埃德加与他们平起平坐，他也需要通过类似的宏大仪式证明他的君王地位。

但是，由于埃德加热爱上流社会生活，纵欲无度，加冕典礼被推迟了几年，此事意义深远。邓斯坦决心先等国王稳定下来、过上比较体面的生活再说。而这一等就到了埃德加三十岁。在那个年代，三十岁被认为是中年的后期，因为当时的平均预期寿命相对较短，战乱频仍，武士国王们常常在盛年夭折。事实上，埃德加加冕后仅两年就驾崩了。

在加冕典礼前的指示中，国王被要求在道德上必须无懈可击，近乎圣人，黑斯廷斯手稿收藏中的"骑士制度条令"（the Ordinances of Chivalry）就有这样的记录。下面的文字来自一篇题为《1385—1460年英国国王与王后加冕典礼的方式》的手稿：

> 威斯敏斯特教堂应当在加冕典礼前两天通知国王和王后所需遵循的各种仪式，告诫他们在神圣的涂油仪式之前应当忏悔并洁净自己的心灵……

---

① Nicolson, 第305页以下。

加冕时，国王必须在圣坛前铺着金银双色织布和软垫的台面上平躺下，"直到将为之加冕的大主教……为他做过祷告"。在君主宣誓完毕、涂油仪式开始之前，这一程序还将重复。

这一程序重点在于强调君主是上帝的仆人，尽管是非常高贵的仆人，毕竟也是仆人，为了表示他当得起这种荣耀，他必须表现出谦恭之态。但是，比此手稿记载中更为盛大的加冕仪式早已有之，只是其强调的并非宗教神圣性，而是尘世的荣耀与煊赫。1377年7月16日，年仅十岁的英王理查二世在威斯敏斯特教堂的圣彼得教堂加冕。当时在现场观看小国王登基过程的僧侣们留下了如下的描述，其中不时流露出略带尖酸的讽刺：

>……他们骑马穿过伦敦市拥挤的街道，前往威斯敏斯特教堂。街道两旁装饰着金银双色绸布，悬挂着各种丝织品，用来取悦看客，这令人觉得仿佛是在观看恺撒凯旋，或是在欣赏全盛时期的古罗马……在齐普赛街的一头，修建了一座有四个塔尖的城堡，城堡从两面正在源源不断地泼洒葡萄酒。四个美丽的白衣女孩……分别站在四座塔上。当国王走近时，她们在国王和他的坐骑身前撒下一把把金色树叶，当国王近到身前，她们抛撒下仿制的金色弗罗林币……在城堡顶上，站着一个拿着金色王冠的镀金天使，这个天使设计得万分精巧，当国王走近时，它会俯身将王冠献上……

或许，有过如此经历的理查二世日后成为了一位专制君王，相信自己的话就是法律，人们应当毫不犹豫地服从自己，也不足为奇。查理二世为此付出了代价，他先是于1399年失去王位，又于次年命丧黄泉。虽然国王作为最高仲裁人的观念不符合英国人的分权理念，但是在欧洲，一个君主的煊赫外表和神圣角色却会激起臣民的敬畏和极大的恐惧。公元476年左右罗马帝国覆灭后，君王的威仪是平息欧洲大陆混乱局面的一个重要因素。

罗马帝国的覆灭导致了欧洲法律与秩序框架的瓦解，哥特人、西哥特人、汪达尔人、阿兰尼人等蛮族开始肆意劫掠文明人口。这个时期也称黑暗年代，但更为恰当的名称应当是中世纪早期，这个时期的特点是常年动荡不安，疯狂劫掠、破坏与死亡永远如影随形。每个城镇乡村都处于危险之中，城乡居民随时都会在短短几个小时的恐怖暴力与流血中失去一切——他们的家园、城堡、庄稼、家庭，甚至生命。

封建制度将人们组织成为相互负有义务的社会组织，提供了一些保护。这种社会组织形式就像一座金字塔，塔尖上是国王，其次是领主，再次是贵族，最底层则是通过效忠关系与贵族们扭在一起的广大农民。

但这仍不能替代全面的安全，例如以前由罗马帝国提供的公路安全。封建制度建立的是基本的地区防御点，这使有野心和有能力的人可以进攻其他贵族的封建据点。王权强大而且权力集中的英国对背叛行为实施严酷惩罚，但即便如此，控制贵族、制止贵族之间的私下争斗仍是一个难题。

相比之下，基督教教会是一个国际组织，其追随者遍及欧洲各国，还有许多狂热的中坚力量，例如，为了将上帝的福音传递给异教徒，爱尔兰人赴汤蹈火，在所不惜。因此，教会可能是唯一能够使统治者们远离异教崇拜、使欧洲仅仅崇拜一个唯一的上帝，从而恢复和平与秩序的组织。

国王在这个过程中的角色是十分关键的，标志性的事件发生在公元800年的圣诞节，教皇利奥三世在罗马圣彼得大教堂为西欧庞大帝国版图的法兰克征服者查理曼①加冕,称其为"罗马人的皇帝"。这一事件意义重大。查理曼即理查大帝,因为反对当时仍群居欧洲的异教徒部落,他被视为基督教国王的典范、基督教信仰的捍卫者。他还被视为罗马皇帝君士坦丁一世的继承人,公元313年后者将自己的帝国改宗基督教。

经过二十多年的征伐,查理曼帝国版图东起西班牙南部的易北河,西至波罗的海,南抵多瑙河,北达英吉利海峡。到公元804年,帝国辽阔的疆土将绝大部分西欧统一起来,占据了昔日罗马帝国的大部分欧洲大陆辖区。因此,人们很容易将查理曼帝国视为数百年前灭亡的罗马帝国的传人。

但是,查理曼帝国与罗马帝国在后世的宣传中存在几个方面的重大区别。虽然查理曼帝国是通过战争建立的,但其连年征战的一面被刻意掩饰,宣扬的重点放在教育、文学、艺术等方面的成就,以及通过在异教徒中建立修道院和开展传教活动促进基督教的传播——例如,成千上万信仰异教的萨克森人改信基督教——但关于查理曼的传说却丝毫不提那些拒绝合作的人所遭受的严厉惩罚。

当然,查理曼大帝不是第一个,也不会是最后一个粉饰自己不光彩记录的统治者,但在当时,基督教与异教之间的斗争是每天都在发生的现实,因此这种做法有着重要的公关价值。在1386年最后一个幸存的异教国家立陶宛改宗基督教之前,异教徒们为了抵制新宗教的渗透进行了艰苦而持久的斗争,战争持续了数个世纪之久。这是可以理解的,因为基督教要求改宗国家彻底切断与其古老传统的关联:弃绝他们的神、仪

---

① Charlemagne,又称 Charles the Great,查理曼,即查理大帝之意,法国加洛林王朝第二任国王;799年,罗马教皇立奥三世被罗马贵族所逐,向查理乞援,查理率大军进兵罗马,恢复了教皇权位;800年圣诞节,利奥三世在罗马圣彼得大教堂为查理加冕,称其为"罗马人的皇帝",成为神圣罗马帝国第一任皇帝称"查理一世",从此西方史书称查理为"查理曼"(查理大帝之意),把法兰克王国称为"查理帝国"或"加洛林帝国"。——译注

式、节日、祭祀，以及这些异教徒及其祖先早已熟知了数千年并赖以建构其生活的一切。①

对于已经习惯于活色生香的异教信仰的人们而言，信仰一个唯一的且不可见的神祇、而且其教士必须禁欲，更重要的是还得停止一切祭祀

传说中的王公贵族的典范：亚瑟王和他的骑士们围坐在著名的圆桌旁。图中还可看见圣杯。（布里奇曼美术图书馆）

活动，这是一个很不划算的交易。然而，这个唯一的上帝所选中的统治者——国王和皇帝们的赫赫威仪却令人印象深刻，尤其这些都是可以亲身见证的。在某种程度上，这些君主、围绕他们举行的各种仪式、他们受到的尊崇弥补了异教徒们改宗时所失去的戏剧化体验。

从这个角度看，查理曼大帝无疑是一个令人敬畏的形象，他是善战的军阀、基督教皇帝、立法者和教育家，这些功绩不可避免地会流传在那些以"武功歌"②之名而闻名于世的浪漫主义诗歌当中。这些传说颂扬着查理曼的功绩，描述了他生平中的奇迹事件，将他塑造为那个时代的完美典范。

查理曼大帝也十分适合用来附会各种传说。他高大英俊，富有男

---

① Lewis（*Ritual Sacrifice*），第65页。

② 武功歌（the Chansons de Geste），又译纪功歌，欧洲中世纪时以帝王将相之武功为内容的叙事诗，11—12世纪之交成型的传颂查理曼之武功的著名叙事诗，后来被统称为"罗兰之歌"（Chanson de Roland）。——译注

查理曼大帝，法兰克国王和西罗马帝国的皇帝，身穿着加冕时的豪华王服。(布里奇曼美术图书馆)

子气概，热爱美食，生命力旺盛：他结过三次婚，还有三位情妇。他的传记作家僧侣艾因哈德写道："查理身躯高大而健壮，身材颀长，他的身长是脚长的七倍，头顶呈圆形，暮年时头发银白耀眼，神态平静愉快，他充满王者气度，步履稳健，身姿挺拔……"

作为一个基督教英雄，查理曼大帝别具重要意义。对于其他国王，他是一个榜样，让他们看到如果同意放弃异教信仰，将得到怎样的荣耀。将这些国王作为目标是一种非常实用的策略：让国王改宗，他们的人民就会追随他们，因为君主、只有君主才有能力告诉自己的臣民必须信仰什么。①

毋庸置疑，与所有的传说和宣传一样，事实与虚构相差甚远。首先，查理大帝与教会的关系并非像传说中那样融洽。据他的朋友兼传记作者艾因哈德说，查理曼十分不满于他得到上帝支持的帝国被教皇挟持的局面。查理曼的权力已经登峰造极——他既是国家元首又是教会领袖——因此教皇试图掺和毫无疑问是一种搅局行为。教皇的做法公开宣示了查理曼是教皇的属民，这对拜占庭的伊琳尼女皇及其继任者是一种间接警

① Lewis (*Ritual Sacrifice*), 第65页。

告，而查理曼其实可能是希望自己与后者发展外交关系的。①

教皇利奥三世为查理曼"加冕"这件事对查理曼是一个意外：在圣彼得大教堂，圣诞节的弥撒即将结束时，利奥教皇忽然拿出一个皇冠，按在查理曼的头上，宣称他是"罗马人的皇帝"。查理曼还没有来得及做出反应，教皇已开始宣布："祝查理，上帝加冕的最神圣的奥古斯都，伟大的热爱和平的皇帝，健康长寿！战无不胜！"

艾因哈德写道："查理……来到罗马……在那里度过了整个冬季。在此期间他获得了皇帝和奥古斯都的头衔……但他起初对此十分反感，他宣称，如果早知道教皇有这样的计划，他根本不会在那天踏进教堂，尽管那是一个重大的节日。"

但这已经是既成事实，此后就无法与教皇脱离干系了。但是，查理曼似乎充分利用了这一意外得来的头衔：他坚持自己的大臣、主教和贵族都必须向自己叩头跪拜——跪下并用前额触地。查理曼甚至要求他们亲吻自己的鞋子。

十四年后，查理曼去世，他的帝国也土崩瓦解，这一切都成了历史。查理曼唯一活着的儿子路易继承了整个帝国，但后来他沿袭了法兰克习惯，让三个儿子瓜分帝国。这几个儿子为了遗产多寡争斗不已，进一步削弱了查理曼帝国，短短几年间，查理大帝的伟大遗产就已经烟消云散。帝国的光荣过分依赖于查理曼一人，以至使其缺乏或许可让查理曼后代长久统治的永久性制度、沟通以及民族凝聚力。

在人们描述查理曼帝国时，唯一通用的术语就是其基督教属性。基督教在建立遍及整个欧洲的基督教王国网络中所起的作用，使得罗马教皇成为所有君王中之最伟大者，因为他可以令国王们俯首称臣。最模范的国王是公元886年就任拜占庭皇帝的利奥六世。利奥是一个

---

① Nicolson，第141—142页。

虔诚的禁欲主义者，他是第一个将"虔诚"这一头衔铭刻在自己的货币上的拜占庭皇帝。他自视为所罗门第二，而且还是上帝在尘世的形象，是基督王的代表。公元4世纪的评论家安博兹亚特写道："国王拥有上帝的形象……他作为上帝在尘世的牧师而受到爱戴。"

利奥对自身角色的理解反映了他对耶稣在相同情况下将如何作为的认识。例如，他拒绝带兵打仗：作战是拜占庭皇帝的正常职责，但利奥认为这不符合耶稣的身份，耶稣为了拯救世界而献身，他不应沾染战场上丝毫的血腥与死亡。其次，他试图颠覆教会与国家互补而独立的原则，他想要对二者都行使权威，因为二者都在耶稣的权力之下。

利奥的思想传承给了其子君士坦丁七世，但在他有生之年，他的思想被认为十分怪异，显然与人们关于皇室权力与责任的主流观点相抵触。但是，不能否认父子二人的统治都十分仁慈：利奥在为贫困者和病人提供福利，在教育和废除酷刑等方面，都做出了非凡的工作。君士坦丁七世追随他父亲的榜样，同样如此细致入微地关怀备至。①

然而，从更加世俗的角度看，利奥和君士坦丁对耶稣让渡权力并非现实的做法，如果其他君主也效仿他们这样扮演圣人和虔诚的圣徒角色，就会让教皇借机干涉王国内部事务，从而削弱王权。教皇征收一种称为奉献金的税用来支持罗马教廷：这项税收开始于9世纪，当时每户缴纳一便士，但后来税金不断上涨。教皇还是审理涉及教士之间案件的教会法庭的最终仲裁人。在前述两种情况下，教廷都削弱了国王控制财政和司法的力量。

13世纪英王约翰的遭遇尤其戏剧化地证明了如果君主不是王国的主宰者会有何后果。1205年，英格兰国王约翰拒绝接受铁腕教皇英诺森三世任命的史蒂芬·兰顿担任坎特伯雷大主教。其结果，英诺森给

---

① Wood，第8页以下。

英格兰下了禁止令,这是一种可怕的惩罚,意味着英格兰及其人民都被开除出教会,除洗礼和临终忏悔之外所有的宗教活动都被禁止。约翰利用这种局面攫取了教会在英国价值十万英镑的产业;英诺森三世则以开除约翰的教籍作为反击。这样一来,在理论上,约翰将时刻面临一切有心跨越英吉利海峡前来进攻的国王的威胁——英国的宿敌法王"奥古斯都"腓力二世①就很乐意自告奋勇——而教皇英诺森三世则将置之不理,不会保护约翰和他的王国。

约翰最终被迫屈服,他卑躬屈膝的程度充分表明了教皇权力之大。约翰不仅被迫接受史蒂芬·兰顿担任大主教,其本人也成为英诺森的臣属,代表英格兰和爱尔兰交纳一千马克的年金。当然,作为交换,在后来约翰为了收复安茹帝国(约翰之父母亨利二世和阿奎丹公国②女继承人埃莉诺通过联姻和继承而形成的在法国地界上的英格兰属地)而进行的英法战争期间,约翰得到教皇的坚定支持与援助。但是,教皇的打击只对像约翰这样软弱或者是处于无法防守的地位的国王才奏效,欧洲和英格兰的其他国王就不会这样轻易地被吓住,他们拒绝向教皇低头。与拜占庭皇帝利奥六世不同,这些君主们大多并不自认为是耶稣之尘世化身与造物主上帝之代表的圣徒,他们非常世俗,十分清楚俗世的权力将带来怎样的回报。颂扬国王、扶植他们登上高台,使其地位远远高于普通众生或许符合教会利益,但这种崇高地位带来的观念也宣扬了王室的威严,而国王们得到的崇敬深入了他们那戴着王冠、涂过圣油的脑袋;换句话说,他们开始相信自己深孚众望。

---

① 腓力二世:(King John Philip II Augustus, 1179—1223),法国卡佩王朝第七任国王,与英格兰金雀花王朝进行了持久战争,在位时通过战争使法国领土扩充了三倍,奠定了民族统一的基础,被称为"高贵王"、"奥古斯都"。注意区别于14世纪的法国卢瓦卢王朝首位勃艮第公爵菲利普二世。——译注

② 阿奎丹(Aquitaine):又译"阿基坦",位于法国西南部地区,历史上曾长期作为法国的领属公国,后来因王室婚姻问题而有时归为英格兰属地。——译注

在这个意义上，英国是一个特殊的战场。甚至在英王约翰之前，英国和它的国君们就不曾乐于接受任何形式的外国控制，并强烈反对历任教皇对英国事务的干涉。这不仅仅是英国的特点，来自法国北部的诺尔曼征服者威廉一世和他那来自意大利帕维亚的坎特伯雷大主教兰弗朗克都同样秉持这种沙文主义观点。当时的教皇格里高利七世支持威廉于1066年入侵英国，并批准了兰弗朗克的任命，兰弗朗克是一个非常杰出而富有个人魅力的教士。教皇很快就后悔自己过于热心。当格里高利要求在英国自由行使教廷权威，并宣布公元597年后由圣奥古斯丁劝说改宗的土地属于教廷时，威廉和兰弗朗克都起来反对。国王和大主教采取的措施中最强硬的是，要求教皇在英国行使任何权力之前必须首先得到国王认可。

征服者威廉的两个儿子，1087年即位的威廉二世和1100年即位的亨利一世，先后都与下一任坎特伯雷大主教圣安瑟伦发生了严重争执。威廉二世和亨利一世不可能接受安瑟伦先忠于教皇后忠于国王的立场。这些争论导致威廉和亨利都将安瑟伦流放到欧洲。

此后，在12世纪里，大主教与国王之间、教会与国家之间发生的最严重、危害最大的冲突就是使亨利二世与其密友托马斯·贝克特反目的那场争议。这是一场近乎希腊悲剧的惨剧，双方都不肯屈服让步，最终以一场谋杀收场。尽管亨利二世与贝克特之间年纪相差近五十岁，他们却是一对忘年交，亨利完全信任贝克特，他于1154年登基后不久就任命贝克特为英国宰相。此时看来，似乎两人即将走上通力合作的坦途。

然而，1162年，亨利二世有了一个自认为绝妙的主意。他任命自己的朋友担任坎特伯雷大主教。贝克特当时已经是神甫，但如此平步青云登上英国教会最高职位的情形在当时是史无前例的。亨利二世希望得到一个值得信任的、能够挫败教廷插足英国事务企图的大主教，亨利寄望于贝克特。但他却大错特错了。

贝克特一当上大主教，就立刻来了个一百八十度的大转向。他立即辞去了宰相职务。往常活跃于上流社会并精于享受的他，此时却变得清心寡欲。贝克特放弃了昂贵的衣橱、精美的瓷器与家具，专心学习、祈祷和举办慈善活动。亨利二世这位奢靡成性的朋友突然变成了一个禁欲主义者，这已经够惊人的了，而贝克特的转变比外在表现更为深刻。当面对教皇时，他不仅不坚持国王的意见，反而处处与亨利为敌。像之前的安瑟伦一样，他认为教廷权力高于王室权力，一场重大的冲突已经不可避免地即将发生。

当国王要求在独立的教会法庭被判有罪的神职人员应当移交到世俗法庭进行惩罚时，这个时刻到来了。贝克特甚至拒绝对此加以考虑，他与亨利的关系本来已经紧张，此时则彻底地从友谊变成了刻骨仇恨。亨利开始打击贝克特，对他提起了多种犯罪指控，其中包括他担任宰相时侵吞公款一项。但是，当贝克特出庭时，竟戏剧性地带着一个大十字架，他声称作为教士，世俗法官无权审判他；他还直接向教皇求助。甚至贝克特本人也知道，这有些离谱了。1164年，他意识到自己的生命危险，于是逃到了法国。

贝克特在外流亡了六年。在此期间，法国国王和教皇设法让这对反目相向的朋友握手言和。1170年12月1日，贝克特得以回到英格兰。然而，情况却愈演愈糟，回国后的贝克特甚至比以前更加肆无忌惮地反对国王。

1170年6月14日，亨利没有夭折的儿子中最年长者、年仅八岁的亨利王子，经约克大主教加冕成为小国王。在父亲的有生之年为继承人加冕是为了防备强大的竞争者和潜在的篡位者。但是，亨利二世忘记了，或者更有可能的是忽视了，为君主加冕长期以来都是坎特伯雷大主教所垄断的权利。作为大主教，尽管是一个失宠的大主教，贝克特的权利被别人篡夺了。于是他开除了参与小国王加冕典礼的约克大主教及其他六位主教。人们请求他手下留情，他却断然拒绝了。

亨利当时正在诺曼底过圣诞节，听到这个消息后，他著名的火爆脾气大大地发作起来。据说，他叫喊道："我养了一群如此碌碌无为的庸才，他们居然让自己的主人被一个出身低贱的牧师羞辱？难道没有人能为我除去这个多事的牧师吗？"

亨利的四个骑士——休·德·莫尔维尔、威廉·德·特雷西、雷金纳德·费茨乌尔斯和理查德·拉·布雷顿——认为这是他们应当采取行动的暗示。他们横穿整个英国来到坎特伯雷，全副武装地冲进教堂。当时是1170年12月29日下午五点钟左右，骑士们发现贝克特正在圣坛前做祈祷。在一大群惊恐的教徒面前，他们要求贝克特收回开除教籍的命令，而他断然拒绝了。

当时，年轻的僧侣爱德华·哥利姆正躲在圣坛背后注视着这一切。后来，他写下了自己所见所闻的一切。"你去死吧！"骑士们这样威胁贝克特，他回答："我准备为我的主死去，好让教会在我的鲜血中获得自由与和平。"

关于后来的事，爱德华·哥利姆写道：

> 他们伸出那亵渎神圣的手，将他拖着拽着，想拉到教堂外面去杀死主教大人，或是像他们后来所供述的那样，想把他当做俘虏带走。但他不肯屈从……于是其中一个人推着他，靠他更近了。他推开此人，说道"不要碰我，雷金纳德，你应当效忠于我！你和你的同伙简直像疯子一样！"
>
> 骑士勃然大怒……他在[贝克特]头上挥舞着剑。他喊道："我忠于我的主人我的国王，才不效忠于你。"
>
> 随后，[贝克特]明白他即将丧命……他像祈祷一样低下头去，紧握双手并举起来，向上帝献上了自己和教会的事业……他还没有说几个字，那个邪恶的骑士因为担心他会被民众营救，于是突然跳向他，用剑砍他的头，将他的天灵盖顶上部分砍下……[贝克特]头上又被砍了第二剑，但他挺立不倒。第三剑，他的四肢着地……

低声说道:"为了耶稣的名字和保护教会,我愿意迎接死亡。"

这时,第三个骑士向躺在[地上]的他做了可怕的一击,剑在石头上折断了,而他的天灵盖被从头上砍下来……[另一个]骑士……脚踏在教士脖子上,恐怖地将他的脑浆和血液洒在石头上,并对其他人喊道:"我们走吧,骑士们。他不会再起来了。"

这个"多事的牧师"死了,他的头被砍成几瓣,脑浆洒满了教堂的地板。但亨利二世却没有摆脱他的纠缠。死去的贝克特与活着的他一样令国王头痛。1173年,贝克特被封为烈士。坎特伯雷成了朝圣之地,教堂则成为这位被谋杀的大主教的圣坛。这场谋杀激怒了信仰基督教的欧洲,而此后对贝克特的崇敬则延续了近四个世纪。

四个骑士非但没有因为自己的行为得到报偿,反而颜面尽失,被迫通过禁食和放逐到圣地来赎罪,但最大程度的痛悔表示只能来自国王。在这场谋杀后不久,亨利去了爱尔兰,在那里躲藏了一年多,等着人们的愤怒退潮。当最终他被迫重返英格兰时,他所受到的惩罚尽管很严厉,但除了对国王的自尊心之外,实际损害并不大。虽然国王被禁止踏入教堂,但他没有被开除教籍。此外,他在法国的领土被下了禁止令,就是说那里将不再获得教会的保护。这使那些领土可能受到任何竞争对手——尤其是觊觎已久的法王——的威胁。一旦出现这种情况,亨利根本无法从教皇那里寻求帮助。当亨利于1172年5月在阿凡契斯与教皇特使会面后,这些处罚都被撤销了,但惩罚其实仍未结束。

1174年7月12日,亨利身穿粗麻衣服,赤足走过坎特伯雷的街道,来到大教堂祈祷。随后,他又在众人面前接受八个僧侣的鞭笞。然后,国王流着血,带着满身创伤,近乎衣不蔽体地来到贝克特的墓地,在那里度过了一个寒冷的夜晚。直到这时,亨利才算赎回了他所犯下的罪孽。

在此前大约十七年,一件与之类似的丑闻发生在教皇阿德里安四世和德皇腓特烈·巴巴罗萨身上。所谓的1157年"贝桑松事件"仅仅是一长串冲突中的一个——只需一个微不足道的借口，就会引发教会与国家之间的冲突。

1157年9月20日，教皇阿德里安致信巴巴罗萨，在外交辞令的掩饰下，他的愤怒已经呼之欲出。当时，里昂的爱斯基尔主教被"不信神的人、邪恶的种子、罪恶的儿子们"抢劫、绑架并胁迫，而巴巴罗萨却似乎忘记了对此采取任何行动。

阿德里安写道："殿下知道……如此严重的暴行已经传到了最偏远的地区……但据说您却将此事掩盖下去，或者竟忘记了它，如此一来，只要那些人已经感觉到，他们可以不受惩罚地亵渎神圣，他们就不会对所犯下的罪行进行忏悔。"

教皇随后进行了一点情感讹诈，提醒巴巴罗萨欠了教会多少恩情，包括他的皇冠，并表示"一个挑拨离间的人"令他与他"最仁慈的母亲、最圣洁的罗马教会"反目了。

两位杰出的牧师、圣克莱门和圣马克的枢机长老，被派去觐见巴巴罗萨，寻求解决问题的办法。巴巴罗萨在贝桑松的行宫依礼节接见了二人，但皇帝描述牧师的方式表明他无意合作。

"他们到来的第一天，我们款待了他们"，巴巴罗萨在日期为1157年10月的一份备忘录中写道："到了第二天，按照规矩，我们与亲王们坐在一起听他们报告，而他们仿佛充满了邪恶，极度骄横傲慢地带着恶意的喜悦向我们呈上一封教皇的书信，而这封信的语气仿佛是要我们永远铭记教皇大人如何赐予了我们皇冠的荣耀。"

巴巴罗萨继续指责两位教士带来了秘密命令，并计划剥夺德国教会的财宝：他们甚至带着准备用来写下非法掠夺物的表格。这两人还没有来得及做任何事，巴巴罗萨就将他们送回了罗马。这个阴谋无疑只是一种虚构，而且这不是巴巴罗萨想要教皇得到的真正信息。真正的信息要更加重要。

由于王国和整个帝国是属于上帝本人选择的国王的，因此就是我们的……圣徒彼得教导整个世界："敬畏上帝，爱戴国王！"因此，无论谁违背彼得的神圣教诲、说我们的皇冠是教皇大人的恩典，都是在扯谎。

巴巴罗萨由此拒绝了教皇希望他服从自己的核心要求。阿德里安要求德国主教们将反叛的皇帝拉回"正道"，但他们所能做的仅仅是转交一封巴巴罗萨的信，在信中，巴巴罗萨表示了对教皇的尊重，但在自己的皇权神授这个问题上寸步不让。

此时，这场争论已经归结到"恩赏①"这个词上，教皇用这个词来描述巴巴罗萨的皇位。巴巴罗萨则将之解释为采邑，一种封建世袭权利，当教皇暗示采邑令他成为教皇的臣属时，他当然勃然大怒。阿德里安知道自己失败了，1158年2月，他写了一封息事宁人的信，对"恩赏"这个词做了不那么刺激人的解释：这是一种祝福。

事实上，阿德里安这样做是为了挽回脸面，他未能让巴巴罗萨让步，未能给不幸的爱斯基尔主教报仇。教皇在语言上兜圈子，回避了问题的真正实质：教皇和皇帝之中谁有最高统治权？

一个半世纪之后，当法王腓力四世②无情地向教皇卜尼法斯③八

---

① 恩赏（beneficium）：为拉丁语，原意为"恩赏"或"恩赏地"，因所赏赐的大片土地通常汉译为"采邑"，该制度起源于公元5世纪末的法兰克王国莫洛温王朝时期，通常指国王对功臣或教会的大量土地或金钱之赏赐。——译注
② 腓力四世（Philip Ⅳ）：法国卡佩王朝国王（1285—1314年在位），纳瓦拉国王（1284年起，称腓力一世）。他是卡佩王朝后期一系列强有力的君主之一。腓力四世的权力甚至迫使教廷屈服，在他以后的一个世纪内，教皇驻地从罗马迁到法国阿维侬（Avignon），史称"阿维侬之囚"。——译注
③ 又译博尼法斯。——译注

世给出了自己对这个根本性问题的回答时,这场竞争仍似乎刚刚展开。这远不止是一场言辞之争,腓力国王采取了直接行动,不仅击败了教皇,而且摧毁了他。

这一次,冲突的焦点是法王腓力向法国教士们征税,教皇卜尼法斯认为这不合法。从1296年开始的六年中,卜尼法斯发布了几次教皇敕令,要求取消这种税收。腓力对前两次的敕令置之不理,却拒绝让第三次敕令通过:这就是1302年11月18日的《神圣一体》①训谕,其中特别声明,国王有义务服从教皇。

1295年卜尼法斯加冕教皇位时由国王担任侍卫,因此他发表这种声明也不足为奇。加冕之时,在卜尼法斯前往罗马圣约翰·拉特朗教堂的路上,那不勒斯国王查理二世和他的儿子、名义上的匈牙利国王查理·马特尔,为教皇牵马坠镫。在加冕典礼的盛筵之上,两位国王还亲自服侍教皇进餐。教皇在《神圣一体》训谕中这样描述君权:

> 虽然这种权力被赋予人,并由人来行使,但它并不属于凡人,而是属于神,是由彼得的主人上帝本尊用圣谕授予彼得并赋予彼得及其继任者的,"凡你们在地上所捆绑的,在天上也要捆绑"。因此无论谁抗拒这种上帝规定的权力就是抗拒上帝的命令……此外,我们宣布,我们认定,每个人都应服从罗马教皇,这是为了得救所必需的。

结果,腓力四世远远没有那不勒斯国王和匈牙利国王那样虔诚,教皇毫不含糊的声明招来了斩钉截铁的回答。腓力国王公开焚毁了《神圣一体》训谕,并于1303年9月7日派出由纪绕姆·德·诺加莱和塞拉·科隆纳率领的一千三百名雇佣兵去驱逐卜尼法斯。当时,卜

---

① 又译《一圣教谕》。——译注

尼法斯居住在他的出生地、位于罗马附近的阿纳尼。编年史作家亨德尔比的威廉描述了这支部队进城之后的情景：

> 在圣母玛利亚诞辰日刚过的早晨，法王派来的一支大军突如其来地杀进了阿纳尼……他们来到阿纳尼城门，发现城门洞开，就进了城并立刻对教皇的官殿发动了进攻……科隆纳带兵破门而入……他们打破了一些窗户，并放火烧了某些地方，最后愤怒的士兵们冲到教皇面前。
>
> 许多士兵对教皇破口大骂，威胁要对他动手，但教皇始终一言不发。当他们强迫他表示是否将辞去教皇职务时，他坚决地拒绝了……他宁愿丢了脑袋也不肯这样做，因为他说："E le col, e la cape！"这句话意思是，"我的脖子在这里，我的脑袋在这里。"

科隆纳作势要杀教皇，但被不愿做得如此过分的手下拦住了。但是，此时教皇孤身一人，他身边的扈从和卫兵早已逃散，无人能阻止科隆纳手下劫掠教皇的宫殿。后来，卜尼法斯被带回法国，并在几周后客死法国，据说是腓力下令毒死了他。四年后，腓力指控圣殿骑士团行巫术、信异教和鸡奸，借此摧毁了圣殿骑士团。审判持续了七年，证据靠酷刑取得，结局是不可避免的：按照适合异教徒的死亡方式——上火刑架。但是，值得注意的是，圣殿骑士团主要的忠诚对象是教皇，而不是他们的国王。

教皇与帝王的争斗在历史上持续多年，直到16世纪的宗教改革带来了重大突破。转机的到来与欧洲对最高统治权的争夺无关，但是，当马丁·路德于1517年在维登堡抗议教会的腐败时，他打开了允许君主摆脱教廷控制的大门，而这些君主则在此过程中趁机渔利。他们谴责教皇及其统治，宣布自己成为新教徒，同时牢牢地盯住没收教会财产的机会，将欧洲君主制带进了新的未知领域。

第四章
文艺复兴时期的君主制

1517年马丁·路德的《95条论纲》是罗马帝国崩溃后的一千多年中最具历史意义的事件。路德的抗议引发了宗教改革，导致了天主教与新教的彻底分裂。路德的主要观点是，人可以单凭信仰得救，而不必参加宗教仪式或购买赎罪券，赎罪券是通向腐败、经济勒索之途。这些观点是革命性的，但当时，中世纪支撑宗教的一切其他事物都正在经受严厉盘诘。

罗马天主教会基本上确立了中世纪时期的思想框架，按照这种思想，人生来便有严重缺陷，因惧怕上帝对他的罪恶雷霆震怒而生活在永恒的恐惧中，永远需要救赎，只有信仰耶稣才能得救。在约1450年开始的文艺复兴时期，古典学术思想开始复兴，鼓励了更加个人主义的思维方式的发展，将人类及其智慧、成就与未来从神控制下的阴影中解放出来。但这并不仅仅是学术、艺术和科学上的革命，同样获得复兴的还有在所谓黑暗时代的混乱降临欧洲之前的古希腊和罗马所特有的自信、好奇与进取精神。

质疑现有知识的能力、权利和必要性，探索新的思考方式，这成为文艺复兴时期的特征，并迅速动摇了教会权力的基础，因为它挑战了以往教会命令不可质疑的地位。科学、医学、天文学、地理学、绘图法、地球的形状和天体的组织都有了新的解释，甚至上帝的本质也受到了质疑。但首先，将人的重要性置于神之上的人本主义提出了新的惊人观念：人不是在上帝的愤怒与惩罚面前无能为力的上帝手中的灰泥，而是拥有决定并指导自己命运的能力。

英王亨利八世等国王积极汲取新的知识。他们保护伟大的思想家，在宫廷中奖掖学者，并十分欣慰地接受人们尊称自己为"文艺复兴人"，即具备多种能力与天分的人。在这种情况下，教会不再能够鼓吹虔诚地服从上帝和教皇才是理想的国王。随着文艺复兴的到来，国王们长大成人，他们成为名流，其声誉取决于更加世俗的因素——他们自身的魅力、宫廷的豪华、物质财富与他们对臣民行使的个人权力。上帝和教皇并没有在这些新事物上袖手旁观，但他们却首次失去了中心位置，教皇不得不与那些对基督教有不同理解的竞争对手们斗争。不仅如此，国王们还有了将自己的观念强加给臣民的权力与财力。

新的皇家尊严最引人注目的展示，发生在1520年，当时，英王亨利八世和法王弗朗索瓦一世在"锦营"①会面。弗朗索瓦的目的是劝说英王亨利站在自己一边共同对付西班牙的国王查理一世。1519年，查理一世在竞选神圣罗马帝国皇帝宝座时战胜弗朗索瓦，但法国国王拒绝接受亚军位置。他仍与查理作对，直到1547年其统治结束。弗朗索瓦与亨利在"锦营"会晤多次，但两国没有达成协议，而且仅仅两年之后英法之间就爆发了战争。尽管如此，国王们从来没有像1520年6月7日至24日之间这样公开炫耀过皇家威仪。

会议地点的命名也是宣传攻势的一部分，因为这个地点位于加莱

---

① 1520年，亨利八世和法国国王弗朗索瓦一世经过长期的战争之后媾和，双方炫耀排场，史称其地为"锦营"（the Field of the Cloth of Gold），又译为"锦绣田野"或"金布围场"。——译注

附近的久艾尼斯和阿德尔村庄之间，丝毫配不上这样炫目的名称。当地乡村城堡已经破败，不堪两位君王使用，因此建立了临时的营帐，英王亨利的营帐建在久艾尼斯，法王弗朗索瓦的营帐建在阿德尔。"营帐"是不恰当的称呼，因为其实这些"营帐"都是金碧辉煌的宫殿亭阁，装饰华美，还有规模宏大的教堂和一个巨大的礼堂。亨利的宫殿占地超过一公顷，其中包括一个镀金的葡萄酒喷泉，添加香料的名酒从喷泉各个喷嘴源源不断地喷涌而出。

此外还举行了各种娱乐活动——角力比赛、马上枪术比赛，还有伶人表演传统面具笑剧和民间戏剧。丰盛的酒宴连天举行。在更为严肃的场合，6月24日最后一次会晤时，英法两国轮流在教堂中举行庄严的弥撒。

当时，英王亨利和法王弗朗索瓦都十分倾向于罗马教廷。三年前，马丁·路德攻击教会时，他们都站在教会一边。亨利自封为学者，事实上最多不过是个业余爱好者，但他写了一篇反驳路德、支持罗马天主教会的论文，并于1521年赢得了教皇授予的"信仰捍卫者"称号。

在此之前五年，即1516年，法王弗朗索瓦与教皇利奥十世达成协定，从而结束了近八十年的高卢主义——即反对教皇权威的法国传统。按照协定，教皇恢复了他在1438年失去的批准由法王提出的神职人员——例如主教和大小修道院院长——提名的权利。但这个协定为时不长，1561年，高卢主义卷土重来，奥尔良的立法会议（States-General）收回了教皇的权利。当时，法国主要权力掌握在凯瑟琳·德·美第奇王后手中，王后为她十岁的儿子查理九世摄政。凯瑟琳一生的主要目的就是维护国王的权力。教皇及其要求妨碍了皇家独享全部权力，而法国的王权在1643年到1715年路易十四当政期间达到了高峰。"太阳王"路易十四是所有独裁君主中最专制的一位。当然，在这种特别法国式的安排中没有教皇的地位，直到1789年法国大革命之后很久，教皇都无法对法国事务置喙。

尽管法国对教皇及其权力的态度如此，但法国国王们从未认真地考虑将教皇的影响逐出自己的领土。与其他王国，尤其是北欧国家不同，法国从未正式变成新教国家，而且法国曾对接受新教信仰的人进行迫害。1572年骇人听闻的圣巴托罗缪节大屠杀中，数百名胡格诺①信徒及其他新教徒被谋杀，见证了法国对旧宗教的忠诚。1610年英王亨利四世的遇刺同样如此。狂热的耶稣会士弗朗索瓦·拉瓦亚克刺死了亨利四世，原因是亨利四世对新教徒比较宽容。1598年，亨利的《南特敕令》恢复了新教徒的权利，但1685年路易十四又废除了这一敕令，再次开始迫害新教徒。

1572年和1685年，许多在大屠杀中幸存的胡格诺派新教徒移居英格兰，在那里，宗教事务的形势与法国截然相反。有一些欧洲诸侯，尤其是德国和斯堪的纳维亚的王公们成为新教徒是出于学术或精神方面的原因，另一些人则是在认识到宗教改革将意味着享受前辈们从未见过的独立性，并且有机会攫取教会的丰厚财产之后才与罗马决裂的。但是，没有哪位国王比英王亨利八世抛弃罗马转投新教的目的更世俗——他是为了与结发妻子阿拉贡的凯瑟琳离婚，另娶她的侍女安妮·博林。

国王离婚这件事本身并没有什么不寻常。正常的程序是向教皇申请结束一段不愉快的婚姻，而且也很少遇到什么麻烦。但亨利八世却与众不同，他实现愿望的最大障碍是凯瑟琳的侄子、西班牙的查理一世。查理一世同时也是神圣罗马帝国的皇帝查理五世。查理是欧洲最强大的君主，是四面楚歌的天主教会最大的支持者。当然，这并不意味着他赞同任何形式的教皇最高统治权。相反，当查理从他的长期对

---

① Huguenots，又译为雨格诺教派，为16–17世纪的法国新教徒，本书取国内历史专业译法，可参见（法）伏尔泰著，吴模信等译：《路易十四时代》，商务印书馆，1982年。——译注

手法王弗朗索瓦一世手中夺取了意大利的控制权后,他事实上控制了教皇克莱门七世。1525年,查理的军队入侵意大利,击败法国并俘虏了弗朗索瓦一世。1527年,查理做了一件不可思议的事:他洗劫了罗马并扣押了教皇几个月。

不经查理同意,克莱门根本不可能采取任何行动,这是亨利八世未能劝说教皇允许他离婚的原因之一——查理无意让教皇为亨利抛弃自己的姑姑凯瑟琳另娶暴发户博林创造条件。

坎特伯雷大主教托马斯·克兰默提出了一个聪明的办法,解决了这个僵局:克兰默说,国王应当与罗马决裂,并取代教皇成为英国教会的领袖,随后,作为新的最高首脑,他宣布自己离婚。然而,这样做需要付出一个代价:亨利与安妮·博林1533年的婚姻从未得到信仰天主教的欧洲国家承认,他们的女儿伊丽莎白一世女王被视为私生女、非法的君主。

与此同时,随着新的宗教逐步确立,英国也在阵痛中煎熬。随着男女修道院被解散、财产被国王没收,传统的宗教生活解体了。天主教徒进行了顽强的反抗,许多天主教徒转入地下,秘密追随旧的信仰而不是改弦更张。普通人则陷入困惑,许多人不能理解也不知如何应付这场在某些方面根本不像是变革的根本性变革。英国国教并没有成为欧洲人所理解的新教,亨利八世自己笃信天主教信仰、理念和做法,他在自己的王国实行的新宗教保留了天主教的外在表现和天主教的所有服装服饰,只除了没有教皇。即便在今天,在英国的新教教会里,这种"强烈的教会因素"仍然存在。

因此,逃离本国迫害的法国胡格诺派新教徒在英国获得庇护是一件不同寻常、甚至有点匪夷所思的事。加尔文主义的新教信仰与其他派别相比更加强调禁欲,他们的宗教仪式更加简朴,日常服饰更少华丽装饰。加尔文派像路德宗一样,相信应当找回早期基督教最初的美德，宗教仪式中不应当有服饰华丽的主教、大主教和富丽堂皇的教堂。

在欧洲，这种禁欲主义的新教主义最强烈的集中体现是在德意志、瑞士和斯堪的纳维亚。查理五世皇帝（即西班牙的查理一世）大力扫荡，将这种教派驱逐出神圣罗马帝国。已经开始宗教改革的德意志恰好处在几乎占据了古罗马人统治的所有地区的查理帝国的心脏地带，但是即便对于一个像查理一世这样富有而强大的君主，在这个广袤的地区恢复天主教统治，也是不可能完成的任务。

德意志面临的主要困难是，它不是一个统一的地区，而是一批小国家，每个国家都有自己的半独立的统治者。德意志的帝国直辖市（imperial cities）直接效忠于皇帝，但其商业与金融领域存在一些像奥格斯堡的富格家族之类的富商大贾、银行家与实业家。这些商人与银行家家族的财富与影响如此之大，统治者们不能不对他们另眼相看。事实上，查理能够得到神圣罗马帝国皇冠，也应归功于富格家族：1519年，他们为他提供了用来贿赂选举人弃法王弗朗索瓦而投票给他的金钱。

德意志人口中大多数是农民，但这些农民按今天的说法已经有了自己的"意见"。他们摆脱了中世纪的封建状态，有了政治与社会抱负，同时又受到对税收和收税的诸侯们的不满和阶级矛盾的刺激。

雪上加霜的是，帝国的基础极为脆弱。帝国议会可以制定决策，但执行决策的是各个德意志诸侯国。不是所有国家都会执行，即便执行也往往执行不力。法庭缺乏司法权力，由于缺少得到认可的警察力量，各地的决斗和仇杀层出不穷。此外，许多德国人相信，教廷从财政上吸干了他们的血，没有一个足够强大的中央政府，这就意味着更加容易受到罗马的盘剥。新的思想经过长期的不满情绪过滤之后，在帝国的土地上迅速传播。德意志诸侯们也像最低贱的农民一样迅速接受了新思想，他们中有些人认为马丁·路德是自己人，而当上皇帝的西班牙国王却是与可恨的教廷为伍的阴险敌人。

在庇护过路德的德意志诸侯中，最重要的是1486—1525年在位的萨克森选帝侯"智者腓特烈"，腓特烈是一个著名的热爱和平者，在他漫长的统治期间，萨克森没有卷入任何战争。他反对罗马教廷在德国的权力，并逐渐接受了路德因信称义的原则。路德是一个因为说出"真理"而遭到迫害的无辜者，这就足以让腓特烈尽全力帮助他。

1518年，教皇利奥十世宣布路德为异端，并在两年后将其开除教籍。随后，查理皇帝宣布路德违法。1521年的沃姆斯宗教会议后，路德仍拒绝放弃自己的学说，于是腓特烈干涉此事，他近乎绑架了这位富有争议的教士，并让路德藏身在自己的瓦特堡城堡将近一年。在瓦特堡期间，路德开始将圣经翻译成德文。在宗教改革的意义上，这十分重要，因为路德相信，圣经是信仰的唯一权威。基督徒应当能够自己阅读圣经，而不是由能够用拉丁语会话的教士读给他们听、解释给他们听。

虽然路德并没有特别鼓励或带头发动宗教运动，但在德国兴起了一种新的被称为路德宗的宗教运动，若干位诸侯都成了追随者。查理五世认为这是国王们的叛乱，决定铲除他们。1530年11月19日，他发布了一道法令，要求所有诸侯放弃异端新思想，回归天主教信仰。查理给了他们五个月时间来服从自己的命令，截至1531年4月15日为止。诸侯们无意服从，相反，在黑塞伯爵腓力、萨克森选帝侯腓特烈的领导下，来自八个德国城市的八位国王和代表于1530年12月24日在萨克森的施马尔卡尔登举行会议，组成了反抗查理及其命令的联盟。

施马尔卡尔登联盟不仅仅是空谈而已，其成员拥有一万步兵和两千骑兵组成的可怕军队，而且如果任何一个成员国受到攻击，他们完全打算使用这支军队。1531年2月27日，联盟签订了正式条约。查理皇帝现在处于困境。除了反叛的联盟之外，他还受到其他外部威胁：

穆斯林的土耳其正计划征服欧洲，而他的老对手法王弗朗索瓦仍在威胁帝国西部的安全。

皇帝被迫妥协，等待时机。1532年，他发布了纽伦堡和平条约，允诺宽待德国的路德宗。查理不得不等待了十五年，直到1547年，才在米尔堡战役中击败施马尔卡尔登联盟并俘虏其领导人。①但这只是短暂的胜利，路德宗以及类似的新教信仰加尔文主义已经在德国生根发芽，无法摧毁。1552年，另一个保卫路德宗领土的新教联盟成立了。

对查理皇帝而言，随后的战争以极其不能令人满意的方式结束了。在三十多年中，他的梦想就是将新教徒们带回天主教徒之中。然而，1555年，他不得不承认，这是不可能的。在1555年10月3日签订的奥格斯堡和约中，双方基于"教随国定"的原则达成了妥协，每个王国可以自己确定是信仰天主教还是路德宗。翌年，查理被三十七年的征战耗尽了心力，心灰意冷地退位，放弃了西班牙国王和神圣罗马帝国的两个王位。

在六十年中，奥格斯堡和约多多少少维持了欧洲王国之间的和平，但是真正尊重不同信仰的宗教宽容时代远未到来。宗教改革的悲剧在于，不同的宗教团体都相信自己掌握了真理，其他人都是异端。此外，奥格斯堡和约的安排中存在一个重大缺陷：它没有宽容加尔文主义这种发源于瑞士、正在德国迅速传播的新教派。加尔文主义最终开始鼓噪，要求与路德宗和天主教平起平坐。加尔文主义的核心思想是命定论，即认为未来的事件都是上帝决定的，因此无法改变。它拥有两个重要的皇室皈依者：1563年皈依的巴拉丁选帝侯腓特烈三世和五十年后即1613年皈依改宗的勃兰登堡选帝侯约翰·西杰斯蒙德。但是，这一信仰也将第三个宗教不稳定因素带进了德国，天主教和路德

---

① Richardson，第48页。

宗都受到了挑战。正是由于加尔文主义，斯堪的纳维亚的路德宗才被拖入了1618年开始的三十年战争。这种敌对状态最直接的导火索是，当时波西米亚首府布拉格的大主教破坏了新教教堂。这件事背后的原因在于，加尔文主义者担心，如果波西米亚宗教会议选举虔诚的天主教徒、未来的神圣罗马帝国皇帝施蒂利亚的腓特烈当波西米亚国王，他们的权利就会受到侵害。加尔文主义者起事造反，废黜了斐迪南，选择了自己的新教君主巴拉丁选帝侯的腓特烈。加尔文主义者还将两个波西米亚皇家内阁的天主教成员从窗户中抛了出去，这个事件被称为"布拉格抛窗"事件。这两个人被从二十一米高处抛到了一堆肥料上，只受了点轻伤，但颜面扫地。

当加尔文主义者在1620年被决定性地击败、天主教又成为波西米亚的国教后，斯堪的纳维亚人开始卷入战争。由今天的三个斯堪的纳维亚国家——丹麦、挪威和瑞典——在1397年结成的卡尔马联盟，是德国之外唯一接受路德宗为国教的国家。在波西米亚战败后，他们都受到天主教势力的威胁。瑞典是第一个与罗马教会决裂、接受路德宗的国家，它这样做的部分原因，是为了从更强大的邻居丹麦争取自由。1523年，领导独立斗争的古斯塔夫一世被瑞典议会选举为国王。他争分夺秒地开始建立瑞典王室对教会的领导权。他这样做的原因不是出于信仰问题，更多的是为了实际考虑。作为一个新独立王国的首位国王，古斯塔夫手头资源很少，还面临着强大而充满敌意的邻居丹麦，教会的巨额收入对他很有用：（可以帮助他）建立一个强大的国家、组织一支国家陆军、建立一支有效的海军，并促进贸易发展。

心中有了这种日程表的君主绝不能冒教皇干涉的风险，事实上任何外部势力都必须被排除在外。这就是瑞典与教廷的官方关系于1523年中止的原因。路德宗已经在这个国家流传了一段时间，即将成为新的国教，但古斯塔夫一世必须首先打破已成势力的天主教会势力。自然，国王想要教会彻底臣服于皇室的决心遭到了强力反抗，但是国王没有强行推行必要措施，而是进行了一场情感讹诈：他威胁，如果议会拒绝批准他的愿望，他就退位。这样就可能导致瑞典重新与丹麦及其可恨的国王克里斯蒂安二世联合。古斯塔夫这样做十分精明：不管他有多么专断，一位瑞典国王总是比恶行罄竹难书的克里斯蒂安要强，后者曾制造了当时最可怕的暴行，被称为斯德哥尔摩大屠杀事件。①

此时斯德哥尔摩大屠杀事件刚过去了七年。1520年11月8日，在克里斯蒂安国王举办的一次宴会上，至少有八十二位来宾被逮捕后处决或是溺毙。受害者都被冷酷的国王视为敌人，他们之中包括两位主教，还有包括古斯塔夫一世的父亲在内的几位瑞典贵族。克里斯蒂安希望这种杀戮能够摧毁瑞典人从丹麦独立出去的意志，结果却适得其反——这场血案坚定了瑞典人的决心。在1527年，失去古斯塔夫、再次落入可怕的克里斯蒂安魔爪的念头令瑞典人无法承受，于是他们屈服于古斯塔夫的要挟。

1527年举行的瑞典议会上，所有教会财产都被国王没收了。神职人员的任命必须经过国王批准，神职人员也需要遵守世俗法律。这最后一条是一个根本性的改变，因为此前教士只能在教廷的宗教法庭上接受刑事审判。由于这些措施，古斯塔夫在瑞典牢牢握住了权柄，他的成功使得路德宗所谓"纯粹来自上帝的教导"在教会与学校中被传播。

路德宗在仍然联合为一体的丹麦和挪威传播的道路没有瑞典这样平坦，直到1536年才被采纳为国教。又一次，改宗由国王发动，尽管这一次的首倡者克里斯蒂安二世实际上脚踏两只船。克里斯蒂安二世从未打算与罗马彻底决裂，而且其本人仍是天主教徒。尽管如此，他采取的政策逐渐将教廷的影响从王国中排挤出去，为路德宗的上台创

---

① 又译"血洗斯德哥尔摩事件"。——译注

造了条件。

克里斯蒂安的动机与瑞典的古斯塔夫一世、英王亨利八世的动机大同小异，他们都决心在自己的家里当家做主。在丹麦—挪威联合王国，教皇仍保留着地位，但他已完全被笼罩在国王的权力之下。首先，克里斯蒂安的法典废除了在信仰问题上向罗马上诉的传统，国王及其立法班子建立了终审法庭。教士被禁止收购土地，这种做法有效地防止了他们聚敛起有朝一日会对王权构成挑战的财权基础。

理所当然地，这些措施在丹麦激起了强烈的反抗。火上浇油的是，1521年，马丁·路德被德国宣布为不受欢迎的人，克里斯蒂安二世却公然向这位受到羞辱的教士示好，邀请路德到丹麦来并禁止公布教皇将路德革出教门的敕令。路德仍留在德国，但他的追随者在丹麦受到欢迎。对丹麦人而言，克里斯蒂安的态度在他本来就不光彩的记录上又添了一笔。1522年，日德兰的一伙贵族和主教小集团将他放逐。克里斯蒂安计划在海外建立一支军队并复辟王位，然而1532年，他被继任者、他的叔叔腓特烈一世俘虏，在监禁中度过了二十七年余生，直至1559年死去。

腓特烈一世即荷尔斯泰因－哥道普公爵，1523年登基时，他承诺要摧毁丹麦的路德宗教会，但他很快就打破了自己的诺言。腓特烈一世非但没有迫害路德宗的教士和改革派，反而保护了他们，其中最著名的是于1535年将旧约译为丹麦文的汉斯·道生。

丹麦的天主教主教们很快就开始高声抗议，1527年他们要求腓特烈一世制止对天主教信仰和影响的逐步腐蚀。腓特烈一世的回答是：不论路德宗还是任何其他人，都不会被迫放弃信仰，因为国王无权掌握人们的灵魂。此前，1526年，腓特烈已经剥夺了教皇批准主教任命的权利，而他拒绝如主教们所愿对付路德宗更是一个明确的信号：丹麦天主教已经到头了。在国王的默许下，修道院和天主教教堂被捣毁，等到腓特烈于1533年去世时，他将御座传给了以路德宗方式教养长大的长子克里斯蒂安公爵。

丹麦王位不是世袭而是经选举产生，此时承担迎立新君任务的选举委员会拒绝立克里斯蒂安为君。不必说，其中大多数人都是天主教徒。

然而，他们也并无其他人选，因此选举推迟了。被囚禁的克里斯蒂安二世的支持者们企图借机拥他复辟，而他们入侵丹麦的结果却引发了一场内战，几乎将整个国家夷为平地，克里斯蒂安公爵得到瑞典国王古斯塔夫一世的援手，最终得胜。

古斯塔夫一世为克里斯蒂安公爵做的不止这些——他还为克里斯蒂安公爵树立了榜样。克里斯蒂安公爵于1537年登上王座，尊号为克里斯蒂安三世，他立刻开始向富裕的丹麦主教们索要资金。主教们拒绝了，克里斯蒂安三世便将他们逮捕并投入监狱。后来，正如古斯塔夫一世在十四年前所做的那样，他没收了教会的财产和金钱。一位主教瘐死狱中，其他主教最终被释放，但他们的损失从未得到赔偿，他们本人也未能恢复往昔之地位。他们的地位被路德宗的"教长"们取代了。

对从前的天主教主教们和天主教会的最后一击，来自1537年克里斯蒂安三世和他那来自德国萨克森－劳恩堡的多萝西王后的加冕典礼。传统上，应当由隆德大主教在丹麦主持加冕典礼。这一次，克里斯蒂安让马丁·路德的主要助手约翰·布根哈根来主持仪式。后来，当哥本哈根大学新设立了教育教士的新教课程时，聘任了布根哈根为神学教授。

马丁·路德认可了1537年丹麦采用的新教会礼仪，1550年，首部翻译成丹麦语的新圣经面世。克里斯蒂安三世于1559年去世，此时丹麦所有的天主教历史痕迹都已被抹去。路德宗教会不仅在瑞典和丹麦，而且在丹麦的属国挪威和冰岛取得了胜利。

1620年，克里斯蒂安三世的孙子、丹麦国王克里斯蒂安四世却面临一场严峻的危机。那一年，天主教势力在波西米亚取得了对加尔文主义的决定性胜利。斐迪南皇帝意欲扫荡神圣罗马帝国境内的所有新教异议分子，恢复天主教会的地位。虽然斯堪的纳维亚国家不是神圣罗马帝国的一部分，但谁也不能保证天主教势力会在丹麦边境止步不前。因此，克里斯蒂安四世决定于1625年对萨克森发动先发制人的攻击，然而，这导致了一场军事灾难。神圣罗马皇帝的军队在两位著名统帅奥地利将军艾伯特·冯·华伦施泰因和巴伐利亚的提利伯爵约翰·泽克莱斯率领下，一次又一次击败了克里斯蒂安四世的军队。四年后，丹麦国王被迫签署了吕贝克条约，退出萨克森。

于是获胜的神圣罗马帝国皇帝发布了归还敕令，要求新教徒将所有被没收的教会财产归还天主教会。由于这个归还敕令和丹麦军队的惨败，看上去德国和斯堪的纳维亚的路德宗已经走投无路了。这时，一位魅力超群的人物横空出世了：古斯塔夫一世的孙子瑞典国王古斯塔夫－阿道夫二世，他是新教支持者，还是有心将版图扩展到欧洲大陆的精明政治家。

此时，瑞典的利益在于，斐迪南皇帝的势力不能太强大，而瑞典人也完全知道应当怎样做。与丹麦人不同，瑞典的军队无论在训练、装备还是纪律方面都冠绝欧洲。瑞典军队在战术和战略上都极为卓越，是优秀军队的模范，为许多国家所师法。虽然瑞典人于1630年前来为提利重兵围困的马格德堡解围时已为时过晚，但翌年再次交锋时，古斯塔夫－阿道夫在布莱登菲尔德会战中获得胜利。

此后，古斯塔夫－阿道夫进入莱茵河流域，并于1632年春开进巴伐利亚，在这里，瑞典人再一次与提利在列克河战役中对阵。提利殁于是役，他的军队抛下了大部辎重军火溃散。现在，轮到斐迪南皇帝面临严峻危机了：连战皆捷的瑞典人已经深入帝国心脏八百多公里，似乎已经无可阻挡。

1630年被提利伯爵取代的冯·华伦施泰因将军被紧急召回。他的战绩胜过提利，于1632年8月阻止了古斯塔夫－阿道夫进攻皇帝的要塞维也纳。三个月后，两位名将在吕岑再次对阵沙场。瑞典人赢得了战斗，却失去了他们的国王：三十八岁的古斯塔夫－阿道夫在激烈的骑兵战斗中阵亡。古斯塔夫的死对瑞典人是一场灾难。没有了他的旺盛精力与天才智慧，瑞典军队与之前判若两人。两年后在巴伐利亚的诺德林根战役中，瑞典军队基本上全军覆没了。

此时，战争已进行了十七年，三十年战争不再是宗教冲突，而是最终演变为法国的波旁王朝和奥地利与西班牙的哈布斯堡王朝这两大欧洲王朝之间的政治斗争。按照路德宗与天主教签订的一个条约，新的瑞典军队与法国结成同盟，而这在战争开始时是不可想象的。在随后十三年的战争中，哈布斯堡王朝落败。他们连战皆北，城市乡村尽数沦为废墟，所有人口均流离失所，贸易与工业百业萧条。三十年战争是在19世纪现代武器发明之前最具毁灭性的欧洲战争。欧洲国家一个接一个地卷入这场战乱，作为主战场的德意志花了两个世纪才恢复元气。

但是，有失败者，就有胜利者。按照结束了这场战争的1648年《威斯特伐利亚和约》，加尔文主义获得了与路德宗和天主教平起平坐的地位。合约承认了德意志各诸侯国的主权，神圣罗马帝国遭受严重削弱。德意志诸侯之一的勃兰登堡选帝侯腓特烈·威廉领土大增，比皇帝还要强大。1701年，这个公国成了普鲁士，而当1871年德意志诸国在普鲁士领导下实现统一，普鲁士就在欧洲中部建立了一个事实上的帝国。此时神圣罗马帝国已经于1806年被拿破仑·波拿巴废除，不复存在。

威斯特伐利亚和约没有给天主教徒带来欢乐。对他们而言，这些年的战火连连、生灵涂炭，全是徒劳无功。他们未能从路德宗手中收回德国和斯堪的纳维亚。威斯特伐利亚和约承认瑞士为独立国家,而瑞士落入加尔文主义之手,同样,苏格兰的新国教是长老派新教。最大的获胜者是法国,三十年战争后,法国成为欧洲最强大的国家。

1648年,新教改革的最后一场战斗结束了,从此欧洲不再有大规模的宗教战争。此时距1562年法国开始的第一场宗教战争揭开序曲已将近九十年,但宗教改革及由此而来的冲突最显著的结果——欧洲版图与信仰的根本性变化——并不是唯一的结果。在此之前,欧洲君主制的政治基础似乎坚不可摧,尽管个别君主,尤其是英国和法国的君主,曾经被自己的臣民恐吓、虐待、废黜,甚至谋杀,但君主制本身始终存在,君主的权力——包括统治宗教及其仪式的权力——从未受到任何实质性的反对。

而两场革命同行并进的宗教改革改变了一切。正如某些国王拒绝了教皇以及教皇对他们及其领土的控制,臣民也挑战了国王和国王决定臣民灵魂方向的权利。1527年,丹麦国王腓特烈一世告诉愤怒的天主教主教,说他无权控制人的灵魂时,并非仅仅是遁词,因为,人民和国王们自由决定信仰的时代已经到来了。腓特烈一世认为,如果他们不巧选择了新出现的新教信仰,那么他们完全有权这样做。他们同样有权利拒绝天主教君主或主教迫使他们回到教廷中的企图。

然而,对于新出现的新教国王,将教皇的权力从自己的领土中驱逐出去并非有百利而无一害。没收教会财产或许令王室赚个盆满钵满,摆脱了视国王为藩属的教皇的颐指气使,自然也很舒心快意,但教廷也曾为国王提供了保护伞——当国王与其他君主发生矛盾或臣民造反时,教廷就会为国王出头。因此,摆脱教廷控制并非毫无代价。与罗马决裂就像离家出走一样——叛离教廷的新教国王们不得不为自己王国的生存与利益承担全部责任,不得不自己抵御国内外的敌人。

处理新的局面需要新的策略。其中之一就是"锦营"综合症,即王室争相炫耀排场威仪，这样做不仅仅是为了故作声势，也是为了以天神般的皇家气派慑服臣民与敌手。这种排场并非总是在公共场合上演。宫廷是展示富丽奢华的焦点，这在来访的外国人和访客们的笔端留下了记述。这些回忆又引起公众关注，其作用有如今日媒体之八卦栏目。

具有讽刺意味的是，即便在新教君主的宫廷中，这种广告方式所使用的也是宗教改革之前的、带有鲜明天主教特色的仪式。例如，路德宗是简朴之至的宗教，摒弃了所有外在的表现，废除了昂贵的华服，在圣坛上使用未经修饰的桌子。但在丹麦宫廷和勃兰登堡—普鲁士宫廷中，尽管这两个都是新教国家，天主教的做法仍触目皆是。当君主们出行时，人们会在他们头上撑起华盖。在君主面前鞠躬下跪也是通行礼仪。①

君主进餐的仪式则基本上复制了天主教弥撒仪式。餐桌摆在一个台面上，蒙着细亚麻的桌布，桌子上方支撑着华盖，桌面摆设的方式使这张餐桌看上去像是圣餐桌。王室进餐以国王洗手开始，而这与牧师们在做弥撒献祭仪式前后的洗手方式是一样的。国王擦手用的毛巾被当做圣物对待，由一位绅士带走，但他并不像平时一样把毛巾搭在手臂上，而是举过头顶，仿佛要使之免遭尘世污染。进餐结束，国王离开后，桌布被万分珍重地折叠起来，递给一位躬身站立在桌前的主教。

对于包括新教国王在内的君主的尊崇，并非仅仅抄袭圣餐礼这种纪念耶稣最后晚餐的天主教仪式，而是有过之而无不及。例如，参加圣餐礼的天主教徒在装着面包的圣体龛子前可以下跪一次，然后转身离开。②但是，国王们却不能看到宫廷觐见者的后背。来访者应当在

---

① Adamson, 第30—31页。
② 同上，第31页，第104—105页。

君王视野内面对君王,并一路躬身倒退着走出房间。①

  宗教改革战胜了古老的君神合一观念,但直到此后很久,君权的宗教含义仍是宫廷礼仪的基础。这种观念在亚洲君主制国家中至今依然存在,但欧洲君主制国家从未走得那样远。即便如此,国王至少是特殊的生命,君权神授等观念显然是人们如此对待君主的背后动因。这种方法十分适合宗教和迷信时代,那时广大民众受教育不多、尚未受到文艺复兴时期的人本主义洗礼。而人本主义以人为本,重视人类智慧。无论君主们受到怎样的礼遇,他们仍是人,只要有机会,就会被谄媚迷惑,更有可能自高自大,忘乎所以;而这种机会俯拾皆是。君王时刻面对人们近乎奴颜婢膝的服从,还被各种旨在弘扬其威仪的庄严仪式所包围,因此如果他们认为个人的荣耀是其自然权利,实不足为奇。在宗教改革之前,教廷的控制在某种程度上遏制了绝对君主制的专制倾向,一旦新教徒们摆脱了教皇,就再也没有什么能够控制君王随心所欲地行使权力,而其典型就是专制君主们最喜爱的君权神授论。

---

① Adamson,第31页。

第五章
绝对君主制与神授君权

绝对君主制和神授君权的最高体现是在17世纪到18世纪早期的法国,在此期间,法国曾先后有四位国王取名为路易,其中三位国王都登上了权力的巅峰,最后一位则为此付出了最终的代价。因此,关于绝对君主制最重要的手册之中有一本以法语写就便显得十分相宜:1707年雅克士－本尼金·博絮埃发表了其关于君主制的名著《源于圣经的政治》。博絮埃是一位杰出的法国牧师,也是当时最伟大的演说家之一,他曾经担任过法国国王路易十四的孙子暨路易十五之父、路易皇太子的老师。

博絮埃在路易十四的宫廷出现绝非巧合。路易是绝对君主的典范,而博絮埃的著作发表在路易七十二年的漫长统治行将结束之时,书中梳理了国王赖以统治的几乎所有原则。

> 王权是绝对的(博絮埃写道)……国王无需向任何人交待自己的行为,[因为]若没有这种绝对权威,他既不能行善也无法惩恶。他的权力必须强大到没有人有机会逃离他的控制……国王,作为一位国王,不能被视为一个凡人,他是一个公共人物,整个

国家都在他身上，全体人民的意志都在他的意志里……你从国王身上看到上帝的影子，就会知道皇家威仪。上帝自身是圣洁、是善、是力量，这是上帝伟大的体现，而国王的伟大也蕴藏在这种形象之中……

法国绝对君主制的伟大设计师是阿尔芒·让·迪普莱西，即黎塞留[①]红衣主教。1585年出生于巴黎的黎塞留于1624年成为国王路易十三的首相，从此主宰法国政坛长达十八年。在黎塞留看来，绝对王权统治，其典型如君权神授，是一种政治策略，是唯一能够将法国从破坏性的地方割据、高官腐败以及君主无能三大难题当中拯救出来的策略。

这一观点在法国并不新鲜，早在1461年路易十一登基之时，各种权威逐渐集中到国王手中，王权已在逐渐加强。这一做法在很大程度上要牺牲法国权贵的利益。对这些权贵们来说，最合适的还是封建时期的分权制度，在这种体制下，他们自己的领地不受外部权威的压力，并可以自行征税；他们还可以在自己的法庭上裁决断案，豢养自己的军队并用于彼此间的个人战争。然而，贵族们的自由权利及其对自由权的滥用行为在很大程度上逐渐为绝对君主制所约束，贵族视为与生俱来之权利的大部分政府参与权也一一被收走，失去了高高在上的政治地位，其土地、官职、恩赏等诸多特权也随之丧失。当路易十一开始不断将那些出身卑微的人提拔为贵族并聘为自己的顾问和官员时，权贵们不得不靠边站了。那些新蒙圣宠的阶层自然是国王最容易控制的，他们的地位完全依赖于国王的庇护。1495年之后，当英格兰的权贵们在三十年的内战中互相征伐殆尽之后，英格兰都铎王朝的第一位

[①] 又译黎世留，如（法）伏尔泰著，谢戊申等译：《风俗论》，商务印书馆，1997年。——译注

国王亨利七世也用同样的手段，扶植起一批顺从的新贵族。

当然，法国的权贵们并没有像英国贵族那样自毁，法国体系的缺点在于，贵族们对国王的忠诚经常是建立在国王的恩赐之上。因此，一旦权贵们发现国王给自己的恩惠变少了，那种表面上的忠诚很快就不复存在。1467年，在最有威望的勃艮第公爵莽汉查理的领导下，法国贵族们发动了一场内战，企图阻止路易十一的改革以保留自己的传统权益。路易十一历经了十年艰辛，直到1477年莽汉查理在南锡战役中战死，他才重新确立优势地位并继续在法国为绝对君主制奠基。

1515年，弗朗索瓦一世登基，成为第一位被尊称为"陛下"的法国国王，他是绝对君主制的坚决拥护者。在路易十一的施政基础上，弗朗索瓦盯住了安坐在高等法院里的大法官们。高等法院是法兰西最重要的司法机构，其职能包括了税收批准权。但弗朗索瓦却有他自己的对司法权安排的一套想法。他削弱了这些高等法院的权力，尤其是巴黎的高等法院，他禁止法官们干预国家事务，取消了他们修正国王立法的权力及其传统的对国王之政令的答复权。新法本身也是通过国王敕令这种专制方式订立的。1540年，法国首相纪尧姆·波耶特为鲁昂地区高等法院的法官们规定了新的行为准则："凡是国王颁布的法律都必须执行；任何人都无权对国王颁布的法律进行解释、调整或者废除"。① 鲁昂高等法院显然没有应允其要求，它很快就被关闭。1541年，鲁昂高等法院重新开庭，但审判席上的法官里却多了几位国王的耳目，他们时刻监视着法庭的行为。

绝对君主制度在弗朗索瓦的儿子亨利二世国王在位期间得到进一步确立。亨利于1547年继承父位，不幸的是，1559年，在庆祝其女儿联姻西班牙国王菲利普二世的巡游途中，亨利遇刺身亡，其专制政策

---

① Richardson，第104页。

也遭受严重挫败。由于亨利突然去世，他先后继位的两个儿子弗朗索瓦二世和查理九世又都软弱无能且疾病缠身，那些反皇派便趁机开始图谋染指政治权力。其中有信奉新教的胡格诺教派，他们曾在亨利二世统治时期备受迫害；此外还有那些权贵们，他们试图利用国王的软弱来重获往昔之特权。由此引发的宗教战争折磨了法国整整三十六年。1598年，战争随着南特敕令的颁布而结束，宗教宽容精神取得了胜利，天主教会追求的目标失败，但同时，君主制度也因此遭遇挫折。敕令允许胡格诺教徒自由祈祷的权利，绝对君主制也因此丧失了自路易十一世以来所赢取的许多势力范围。

大约在一个半世纪之后，红衣主教黎塞留发现难以恢复法兰西往日的声望，他首先要解决的问题是，他所效力的国王路易十三根本没有能力成为一个受天圣命、荣耀无比的君王。1610年路易的父亲亨利四世突然遇刺身亡，他九岁就继位成为国王。路易天性忧郁而且极度缺乏自信，他还患有疑病症，总是要延请名医为自己诊病，因此各色江湖郎中常常成为他的座上客。需要时，路易也可以狡猾而残酷，不惮以阴谋除掉自己的眼中钉。但他似乎对朝政毫不在意，对自己的妻子也漠不关心。1615年路易是奉母亲懿旨才与来自奥地利的安娜完婚的，因此，这桩婚姻在前二十三年没有孕育出一个孩子，直到1638年才有一个男孩——即后来的路易十四——诞生，这被视为一个奇迹，男孩也因此在受洗时被命名为迪厄多内（Dieudonne）——即"天赐之子"之意。所以，路易十三不是那种能够让其臣民和同时代君主们印象深刻、充满魅力的国王。黎塞留认识到，只有给这位不讨人喜欢的国王套上绝对君主制的外衣，才有希望将法兰西的形象提升到他理想中的高度。

亨利四世的遇刺让法兰西声名大损，也使黎塞留的工作变得更为艰难。在路易十三在位的前期，朝政由其母后玛丽·德·美第奇（Marie de Medicis）把持，她利用这一权力肆意纵容她那贪婪无度的宠臣莱奥诺拉·多利·加利加伊及其丈夫孔西诺·孔契尼。和其他众多依靠这一途径爬上高位的人们一样，这对夫妇通过虚报账目等手段攫取了大量财产、特权和现金。孔契尼是佛罗伦萨的一个投机商，也是玛丽王后的情夫，他控制着一个备受唾骂的特务系统。最终，孔契尼因腐败问题于1617年被谋杀，年轻的国王路易及其宠臣吕伊纳公爵查尔斯·德·阿尔伯特也被传言参与了这一事件。另一起国王获胜的案件是加利加伊被指控玩弄巫术，她最终被证明有罪并被处死。

这一令人不快的事件至少有一个好处，就是使得十六岁的小国王路易得以独立于自己的母亲。路易废除了玛丽太后的摄政权并将她放逐到地方行省。从1614年就担任王太后顾问的黎塞留则转而为太后的儿子效力，1624年他被任命为宰相。三年后，他以铁腕手段开始在法国推行专制政体。对黎塞留来说，无论手段有多么残暴，目的证明手段。他不断向沉默寡言的国王灌输自己的行事格言——"施治必用重典"；在王宫里，依据杀鸡儆猴的原则，无论多小的过错都会受到严厉的责罚。为了给一个顺从的民族深深地烙上王权的印记，为了消除一切异议与反抗，武力、镇压甚至恐怖手段都成了家常便饭。到1631年，黎塞留扳倒了权贵阶层，大大削弱了胡格诺教派的实力，尽管后者事实上已经在法国建立了一个信奉新教的国中之国；他还将法国重新划分成三十二个行政区，在每一个区都派驻了监察官员即所谓的"督察大员"（intendant）。就连封建时代贵族们的最后一道护身符——城堡——也被彻底摧毁，使其永无东山再起之力。通过颁布禁止决斗令，贵族之间的争斗也受到了控制，至少是有所缓解。

在每一个行政管辖区，只向国王一人负责的督察大员有权征收税赋、招募兵勇、并监督法律执行和贸易行为。他们同时还是警察，时刻警惕着地方上出现任何不满的蛛丝马迹，并在其对王权及其自身地位构成威胁之前镇压之。督察大员们的工作由一群宣传专制主义的专栏写手协助，还有黎塞留自己的间谍圈子撑腰——这一间谍圈的任务就是向红衣主教本人揭发那些持不同政见者。

然而，胡格诺教派的问题却成为黎塞留计划的眼中钉。作为一名虔诚的天主教徒，黎塞留对胡格诺教徒深恶痛绝；即使不能从地球上彻底消灭，如果能将其清除出法国，也会令黎塞留感到快慰。但是，黎塞留非常精明，尤其是自从1572年大约两万五千名胡格诺教徒在圣巴塞罗缪节惨遭屠杀的事件引发法国境外的愤怒之后，黎塞留知道公开迫害不是解决问题的办法。

因此，尽管很不情愿，黎塞留还是同意允许胡格诺教徒有祈祷的自由，只要他们对国王保持忠诚并不惹事端。然而，胡格诺教徒不是逆来顺受之辈，他们不愿意在一小块包围圈里安心做实践自身信仰的少数派。麻烦不可避免。1625年，就在法国与瑞典联合参加"三十年战争"后的第二年，胡格诺教徒利用政府无暇顾及之机，扩张现有的权力，占领了雷岛（Re）和奥莱龙岛（Oleron）。这两个岛正位于比斯开湾沿岸拉罗谢尔港的入海口，对于作为胡格诺派"首都"的拉罗谢尔港海防具有重要战略作用。

黎塞留派出军队前去围攻拉罗谢尔，但由于英国人站在胡格诺派一边并从中干预，进攻遭到挫败。一直拖延到1628年，胡格诺教派这股政治力量在法国才被彻底摧毁。在路易国王军队的严密封锁下，拉罗谢尔城最终投降；十三个月的残酷围困结束之时，城内的饥荒状况令人毛骨悚然，整个拉罗谢尔的人口只剩下区区五千人，是往日的五分之一。

为了宣传自己的胜利，同时也为了满足路易国王的虚荣心，黎塞留红衣主教决定公开入城纳降。因为国王尽管常年"龙体欠佳"，却非常喜好扮演士兵，"率领"自己的部队夺取胜利。1628年11月1日，在黎塞留的建议下，路易十三亲自带领军队率先进入拉罗谢尔城，此举意在宣传反叛的胡格诺教徒屈膝投降的形象。在 1629 年签订的和平条约"阿莱斯恩典敕令"中，胡格诺教派保留了信仰自由权，但不得不解散其武装组织并摧毁其堡垒。

在精心安排下，路易国王趾高气扬地踏进拉罗谢尔城，他告诉胡格诺教徒："我非常清楚，你们竭尽全力想要摆脱你们忠诚于我的义务。我原谅你们的背叛。如果你们能够成为我忠诚的良民，我也将做一位好国王。"①这并非仅仅是一种高贵的责任承诺。法国已经受够了宗教战争的血腥洗礼，即使是铁石心肠的黎塞留，也实在不愿意再因得寸进尺而激发胡格诺教徒进一步的反抗，引发更大的骚乱。

红衣主教黎塞留死于 1642 年，路易十三也于次年去世。黎塞留的宰相一职由出生于意大利的尤勒·马萨林即红衣主教马萨林②接任，后者辅佐新国王路易十四接续黎塞留的事业。路易十四登基时年仅五岁，从 1648 年到 1653 年间，法国的贵族和巴黎的议会利用国王年幼，发动了一系列的反抗斗争，试图削弱王权并打垮马萨林。所有叛乱都被镇压了，马萨林继续执掌大权。但当 1661 年马萨林去世之时，时年二十三岁的路易十四并没有任命他的继任者，出人意料地，年轻的国王自己接掌了最高权力。

1661 年 3 月 10 日清早，就在马萨林去世一天之后，路易国王召集总理皮埃尔·塞吉埃和其他几位大臣与国务秘书，告诉他们将要发生的事。路易的思想是革命性的，到此时为止，专制统治已经在法国确立了四十年之久，但国王亲政却是闻所未闻。

---

① Church，第 196 页。
② 又译马扎然，见（法）伏尔泰著，吴模信等译：《路易十四时代》，商务印书馆，1982年。——译注

……到目前为止，我很满意刚去世的红衣主教对我之事务的管理。但现在，该由我自己来掌管这些事情了。你们的任务就是协助我，当我有所询问时，你们要提供建议……我要求你，并命令你，总理大人，未得我的命令或者未曾与我讨论之前，你不得签署任何法令，除非有某位国务秘书代表我将法令呈给您签署。至于你们，我的国务秘书们，我命令你们，没有我的命令不得签署任何文件，即便是一份安全条例或是一张过境签证都不行……①

第二年，在竞技大会之后的联欢庆宴上，路易十四身穿着象征太阳的服饰盛装出场，因这缘故，他得到了那个著名的绰号——太阳王。这件奇异的服装并不是只穿一夜即会扔掉的；路易所穿的正是他自信最适合于自己作为绝对君主之身份的象征。

"我选择太阳这一形象，"他说，"是因为太阳能够辐射四周之独特品质；太阳传递给其他星星的光芒……以及它那恒久不变的、永不偏离的轨道……的的确确是一位伟大君王最生动、最优美的象征……"②

路易国王非常清楚自己所承担的巨大的工作量；其统治时间是所有欧洲君主中最长久的，在其统治期间，有五十多年，他每天都要工作九个小时。他让自己"了解一切事情……在任何时间都清楚我的军队有多少人、战斗力怎么样、我的要塞都在哪些位置，对每一项要求

---

① Erlanger，第109页。
② 同上，第117页。

巴黎郊外雄伟而壮观的凡尔赛宫，体现出其创建者路易十四的威仪与权力。（布里奇曼美术图书馆）

不断发布……指示，亲自与外国使臣接洽、接收和阅读朝廷急件并回复其中的某些事情，管理我的国家的收入与开支，比任何人都更能对自己之事务保守秘密。"[1]

　　保持神秘是路易十四的核心作风，他认为，做出解释的需要不是一个国王最大利益所在。路易还深信，如果一位国王不得不为自己的行为做出解释并尽可能使其在公众眼里合法化，那么神授君权的魔力将会受到减损；在绝对君主制国家，臣民只需要倾听和服从，不需要赞同。依靠高度的自律，路易十四做到了不露形色，极少有人能够猜透他的心思。面对这样一位没少被自己强加的日程表所折磨的国王，对其大臣们来说，要紧跟国王的思路是一件需要全神贯注的活计。在马萨林红衣主教时就任财政大臣的尼古拉斯·富凯曾认为，享乐的生

---

[1] Erlanger，第110页。

活将很快会使路易十四放弃这种辛苦的工作。但这却是一个严重的误判,1661年,富凯想接任马萨林成为国家首相的愿望也被国王彻底摧毁。路易是个能力超强的人,他辛勤地处理着繁忙的朝政,同时还以高度的热情赞助艺术事业。路易的个人生活也不乏甜蜜浪漫,他情妇众多,还有多个私生子。但国王并没有因私生活而分散精力,相反,他精力充沛地处理着国家事务,他曾经说道:"我不知道有何种快乐能令我们放弃这一(指国家)职责……在工作当中,我感觉到一种难以言表的享受。"①

路易十四不遗余力地炫耀自己掌管下的法国所享有的太平盛世。1662年,他开始计划在巴黎西南十八公里处的凡尔赛修建一座豪华宫殿,以作为自己的荣耀的有形见证。凡尔赛宫这项纪念工程耗费了三万五千名工人二十年的辛苦劳动,落成之后,路易十四将王廷从巴黎的卢浮宫和圣日耳曼城堡迁进凡尔赛。

凡尔赛最初只是路易十四的父亲于1623年建造的一所小型狩猎驿馆,1682年5月6日成为法国政府的新驻地。正如路易十四所充分设想的,凡尔赛宫的确是那个时代的建筑奇观;其主体部分费时八年精雕细琢而成,旁边还建有两座翼楼,一座供诸位王子及其妻儿居住,另一座是廷臣住所。所有的房间都装饰着精美的挂毯和各色饰品,这些全都是由著名的哥白林挂毯厂制作。整栋楼里居住的仆从多达一千五百余人。还有大量的马厩供王室侍从马官及其马夫、仆从使用。宫中还为国王的两位情妇蒙特斯庞女士和曼特农夫人准备了专门的寓所。1685年,在国王的第一任妻子、西班牙裔王后玛丽亚·泰蕾斯过世之后,曼特农夫人和路易十四秘密结婚。

尽管通常被人们称为庄园,但凡尔赛宫远不止于此。它仿佛就是

---

① Erlanger,第111页。

一座小型城镇，人口多达两千余人；当中还有数不清的花园、假山洞窟、草坪苗圃、观赏池塘，还有成列的雕像，喷泉也不下一千五百余处，最妙的是，还有一条运河为整座王宫提供水源。宫内总共有大约七百间房，一千二百五十个壁炉，六十七座楼梯，以及一大片不小于七百二十八公顷的草地，在草地上还建有两栋独栋别墅——大特里亚农宫和小特里亚农宫。整个凡尔赛的面积如此之大，为此，宫内备有行轿帮助将侍从们从一个地点送到另一个地点。

这件宏伟艺术的中心之作是镜厅，这里是国王接见外国使臣的地方，也是宫中主要娱乐活动——化装舞会、宴会以及赌博等——举办场所。这里还是凡尔赛宫里最大的房间，整个大厅于1684年完工。在那个年代，镜子还属于新兴工艺，应用在凡尔赛宫中本身就是一大创举。镜厅里的墙长七十三米，宽十点五米，高十二点三米，装饰着科林斯式绿色大理石柱。在内墙之上，悬挂着一排倾斜放置的镜子，每一面镜子都面对着一扇窗户，正好映照出外面花园里的草坪、梯田和花圃。天花板是由夏尔·勒布伦亲自绘制的一幅幅反映路易十四之统治的画面，全部都是国王的各种胜利姿态：战争胜利者，臣民之父，艺术、音乐、科学及建筑的赞助人，甚至还有戴着桂冠的罗马皇帝扮相。

这些都是国王的手段，用来不断提醒那些经常到凡尔赛宫觐见路易十四的法国贵族们：国王的权力是上天赋予的。在那些紧张忙碌的日子里，几乎每时每刻都在举办宫廷庆典、处处都要求严格的礼仪规范。路易没有利用威胁或者惩罚来使贵族们保持安分，而是想方设法让他们忙于琐碎之事。他从来没有忘记过恐怖的投石党时期，这个时期从他还是敏感的十岁孩子时开始，十五岁结束。事实上，迁居到凡尔赛宫也是受投石党时期巴黎所发生事情的影响而做的决定，那些事件给路易留下了关于叛乱贵族所构成的威胁及支持叛徒的暴民的狂暴本性的恐怖记忆。

作为一个阶层，法国的贵族从此再也没有获得过路易十四的信任；就像15世纪的国王路易十一时期一样，他们不被路易十四的日常议事会所欢迎，受垂青的往往都是那些由国王亲自挑选的出身卑微的人。而贵族们在朝廷中玩弄权术也已不再是为自己赢取重要的政治利益或者额外的领地，而只不过是在费尽心思地想要确保自己仍然受到国王的赏识。

择选出来的贵族从早朝便开始了自己每日的生活，他们负责服侍国王起床更衣，①到晚上，他们又侍候国王如厕及安寝，一天就这样结束了。对这种荣耀的争夺非常激烈，连为国王倒夜壶的工作也有人抢着干。外交官让-巴普提斯特·普莱米·维斯孔蒂即圣马奥罗伯爵，在1673年前后是凡尔赛宫的侍臣，他在其《路易十四王宫回忆录》一书中描述了下列场景：

> 在国王换下朝服、对侍从们祝福晚安之后便是"小寝"时间，国王会穿上睡袍并在廷臣的帮助下安踞在夜壶之上。唯一能够在这种时刻参加服侍的都是那些担任寝宫侍臣或者是那些花费六万克朗获得一张特许证的人——这种证件售价高达十万克朗。（维斯孔蒂接着说道，其话多少有点讽刺之意）：于是，你能看到这个民族对国王的一切事情多么追捧，包括那种让人颇为恶心的事情。②

帮助国王把睡衣的左袖子脱下来，或者帮他穿上左袖，是极为荣耀的机会，只能由王子来做；而出身卑微的官员，尤其是那些一心想

---

① Adamson，第88页。
② Erlanger，第119页。

成为贵族的官员们则可以争取做其他事情。成为贵族的途径之一是在国王如厕时担任侍卫；其职责就是在国王去厕所的途中递上一张纸巾。这些任务，同这宫中的一切事务一样，都必须按照礼节要求正确执行；任何错误，无论多么微小，都有可能丧失国王的宠幸甚至会被逐出王宫。

服侍国王更衣同样有着严格的规矩。国王洗脸用的气味芬芳的酒水须盛于碗中，然后按照某种规定方式端着、从国王头顶洒至脚上，这个活儿一天要进行好几次，而且要求做得恰到好处。这个时候，水被认为对人体有害，因此轻易不能使用，只有在难得的一次沐浴时才用上，还需要医生提出用之有益健康的理由。在整整七十二年的生涯中，路易十四总共只洗过两次澡。

1746年，在路易十四去世大约三十年后，圣西门公爵路易·德·鲁维罗伊发表了《对前三位波旁国王的比较》一书，其中讲述了作为廷臣要紧跟路易十四思路的巨大压力。圣西门并不是王室生活的一个客观的观察者，他将路易十四看成是一个极其自负又非常愚蠢的人，认为他是故意挑选一些平庸之才充任官职以显示出自己的聪明。圣西门是绝对君主制的公开敌人，他最欣赏的是由贵族主宰并控制国王的政体形式。尽管怀有这些偏见，圣西门还是承认路易十四具有非凡的适应能力。

"他擅长各种体育活动，"圣西门写道，"……这个英雄从来都不知疲倦，任何恶劣环境都影响不了他；无论是风霜雨雪、严冬酷暑，还是汗流浃背或风尘仆仆，他都表现出一样的冷静……我常常惊奇地看到，除了极端恶劣的天气情况之外，他每天都会花费相当多的时间到室外运动。"

朝臣们想要放弃这种充满压力的宫廷生活是不可能的，除非他甘愿失去年金和报酬丰厚的职位，而路易十四则不时地将这些作为诱饵抛售出来。要想时刻都受到国王的关注,就"必须"住在凡尔赛宫。如果路易十四某天突然说他已经有段时间没有看见某某人了,那这位臣子的仕途就算是终结了。

路易十四统治时期无疑是法国绝对君主制的盛世,在他的统治之下,法国第一次成为欧洲政坛上最耀眼的强权。就连路易的波旁家族非常危险的宿敌、神圣罗马帝国查理五世的后裔——哈布斯堡家族,也为三十年战争末期法国的胜利所震慑,只得偏安于自己的领地。法国与哈布斯堡家族统治下的西班牙之间的另一场单独较量,也以1659年法国的大获全胜而结束。两次战争都为法国开拓了不少疆域,而这些领土从前都是受不断扩张的哈布斯堡王朝保护的。在法国内部,路易十四还牢牢地控制了那些连伟大的黎塞留也无法掌控的事情。黎塞留曾经指出胡格诺教派、各级议会和贵族是对法国和绝对君主权的三种威胁。很显然,贵族们在凡尔赛宫基本上已经只是受摆布的木偶;而对胡格诺教徒,路易十四更是毫不留情。黎塞留迫于无奈不得不容忍受《南特敕令》保证的胡格诺教徒的宗教习惯,而路易十四则干脆在1685年废除了《南特敕令》,另颁新法。宗教迫害在法国死灰复燃,近二十五万胡格诺教徒被迫逃亡国外。在黎塞留时代,法国各级议会尚且拥有一定的言论和行动自由,到路易十四时期,议会则基本上成为摆设,路易十四取消了议会否决国王立法的权利,甚至规定行使此否决权就会被判入狱。

从表面上来看,路易十四所体现出来的绝对君主制和君王个人统治的显赫威仪,代表了所有专制君主的成真美梦。然而,这一体制存在着一个关键性的缺陷:其整个结构的存在与成功完全依赖于国王本人或者类似于黎塞留和马萨林之类的主宰性强势人物的存在。如果一位国王自身适合于借助神授君权进行统治,具备形势所要求的领导能力、鼓舞力,能够不断地向其臣民灌输畏惧、敬仰以及忠诚,那么,他就适合于采用绝对君主制。相反地，如果一位国王羸弱不堪、优柔寡断、难以服众或者不敢利用自己的"神授"地位，那么其统治下的国家必然是麻烦不断。

不幸的是，当路易十四于1715年过世之后，法国便陷入这样的窘境。前后继任的国王，路易十四的重孙路易十五以及路易十五之孙路易十六，都无法与其先祖相提并论，完全没有他当年的威望、政治智慧和控制力。路易十五登基时年仅五岁，三年前，由于御医施治不力，一场传染病夺走了他的爷爷和父母的生命，两岁大的路易十五靠着一位护士的藏匿没有接受御医的治疗，才得以幸存。这一灾难使路易十四没法再培养一个能够胜任绝对君主制的合格接班人；由于路易十四忽视了雅克士－本尼金·博絮埃所描写的下述义务，这种需求变得更加迫切：

> 国王，尽管其权力来自神圣的上天……（他）也不能将自己看做是那种权力的主宰而被任意滥用……他们不得不满怀敬畏地运用它并时刻约束着自己。因为，凡上帝所恩赐者，上帝也将要求回报……因此，在施展由上帝赐予的权力时，国王应该颤抖不已，这会让他们思考如果他们将上帝所赐之权力用于行恶，这种亵渎神圣的行为将会带来多么可怕的恶果……

然而，当路易十四在临终前终于意识到自己滥用权力于罪恶之事时，已经太晚了；他与荷兰和西班牙人之间耗资巨大的侵略战争及其扩张政策使法国处于濒临破产的边缘。路易十四的法国不仅因其外在的光彩而让人羡慕，更因其扩张野心而令人恐惧。1701年危机到来，西班牙国王查理二世将王位传给了路易十四的孙子、安茹伯爵菲利普。眼看着法国与西班牙王室很可能会结成联盟，欧洲其他强国——

英国、荷兰、神圣罗马帝国——组成的大联盟率先发动了战争。西班牙王位继承之战持续了十二年之久,直到1713年才结束;在英国最伟大的军事家马尔伯勒公爵约翰·丘吉尔的指挥下,法国遭遇惨败。

"上帝怎么能这样对我?我为他做了那么多!"当1704年路易十四听到马尔伯勒在布伦海姆的胜利之后,路易十四暴跳如雷;那场战役是公爵战胜法国的四场最伟大的战斗之一。然而,面对着法国带给欧洲的痛苦折磨,这种高傲自大的宣言最终还是变成了悔恨与愧疚。路易十四最终因为一条腿坏疽而亡,这种痛苦的死法也让他相信这是上帝对他的惩罚;临终前,路易十四将自己的孙子、未来的国王路易十五召到床前:

"我的孩子,"路易十四对他说,"你很快就要成为一个伟大王国的国王了。千万不要忘记你对上帝的义务:记住,你所有的一切都是上帝赐予的,这是你欠他的。一定要尽量与我们的邻国保持和平,我曾经那么地热衷于战争,你千万不要学我的样,也不要像我那样耗费如此之多的国力。你一定要尽量减轻国民的负担,帮我完成那些我不幸没能亲自做到的事情。"

人们现在并不清楚上述这番话给这个孩子留下了什么样的印象;但路易十五的统治表明,他伟大的祖先是在白费气力。第十五位路易国王深受民众欢迎,人们亲切地称呼他为"备受喜爱的路易",但这样的人担当专制君主却是一场灾难。他从来没有认识到自己所继承的并不是一个现成的独裁国家,相反地,要维持专制体制的效率,国王必须不断地关注政治、行政以及军事事务。但是,路易十五在所有这些方面都缺乏其祖父那样的天分。在抵抗普鲁士人的第二次西里西亚战争中,1745年的冯特诺伊战役里,路易十五指挥的七千二百人的法国军队全军覆没，他从此也对战争厌倦透顶。路易十五更大的错误在于，他默许了其情妇蓬巴杜侯爵夫人让娜·安托万·泊松对其内政外交的过分干预。蓬巴杜夫人培植了大批自己的亲信担任国家大臣；她取代路易十五，大量插手国家事务，而路易十五国王则乐得自由，沉迷于其私人妓院中的纵情享乐，凡尔赛宫中名为鹿苑的这个地方倒是名符其实。

在法国的专制王权中，路易十五将近六十年的统治不过是虚有其表；到1774年路易十五去世时，专制政体的根基和基本架构都早已圮毁，其孙路易十六在风雨飘摇中登上王位。

路易十六所继承的根本是一个烂摊子。不仅王室财库亏空殆尽，整个国家还背负着两亿英镑之重的外债，再多的苛捐杂税都解决不了这一大难题。1775年之后，法国对美国独立战争的干预耗资巨大，更加剧了国家的债务负担。

在统治者的个人因素上，实际上路易十六使这一局势进一步恶化。他愚蠢又腼腆、疾病缠身、肥胖臃肿而且行事犹豫，整个身心状态都不适合执政于一个正处在灾难边缘的国家。另一方面，法国的普通民众则深陷困苦之中，他们早已不堪税负，又被剥夺了参与本国事务的权利。这种不满的情绪进一步受到时代思想的鼓舞，这些思想正严重威胁着专制政体和国王本身。

在文艺复兴时代的人文主义启蒙发展了近三百年之后，这一思想开始逐渐开花结果，其酝酿出的民权理念是欧洲民众自古代罗马共和政体灭亡之后八百年来闻所未闻的。1754年，法国政治哲学家让－雅克·卢梭发表了著名的《论人类不平等的起源和基础》，在书中，他猛烈地抨击私有财产制度，尖锐地指出，人类的本性尽管是善良的，却正在被社会的邪恶和剥削腐蚀毁坏。八年之后，在其《社会契约论》一书中，卢梭提出，个人应该将其权利让渡给集体的"公意"，而且，明显带着对绝对君主制的攻击,卢梭宣称,这一集体才是主权的唯一代表。

与卢梭同时代的文学家、历史学家和剧作家伏尔泰——其真名是弗朗索瓦·玛丽·阿鲁埃特——大力倡导思想和信仰自由。伏尔泰本人深受英国哲学家约翰·洛克的影响,后者坚决捍卫"自然"权利、个人自由和大多数人的最高权威。卢梭和伏尔泰都于1778年逝世,两人都亲眼看到了自己的哲学不仅影响了法国,而且震撼了整个欧洲。一些继承了他们思想的法国人还到美洲参加独立战争,帮助殖民地人民摆脱英国的统治,其中就有拉法耶特侯爵玛丽·约瑟夫·吉尔伯特·杜蒙蒂尔,他成为美国独立战争的伟大英雄之一;他们这些人最早得以在美洲自由地公开批评君主制度,这种行为若在欧洲就等同于叛国罪。

这一时期最著名的批评家是托马斯·潘恩,一个怀着对整个君主制度的满腔怒火移民到美国的英国人。在其1776年发表的、极有影响的小册子《常识》中,潘恩写道:

> 男人和女人是自然的区别,善和恶是上帝的判断;但是有一类人诞生世间,怎么会高出其余的人之上,俨然像一个新的人种那样与众不同,这是个值得探究的问题,要好好探究他们,这些人到底是人类福音的使者还是人类灾难的恶魔……在英格兰,一个国王所能做的事情,往往不外乎挑起战争和卖官鬻爵……一个人每年伸手拿八十万镑,而且还受人崇拜,真是一桩好买卖!对于社会,同时在上帝的眼中,一个普通的诚实人要比从古到今所有加冕的恶棍更有价值。[①]

[①] 本处译文参考了马清槐先生翻译的潘恩名著《常识》,见《潘恩选集》,商务印书馆,1982年9月,第9页和第19页,略有改动。在此向马清槐先生及商务印书馆致谢并表达最诚挚的敬意。——译注

随着独立战争以殖民地一方获胜而告结束,拉法耶特和同事们返回到法国家乡,他们被美洲人民为自由而战斗甚至甘愿牺牲的精神所深受感染,而这在专制的法国是极其危险的思想。从富有但没有政治权利的资产阶级到不堪重负、饥寒交迫的大多数民众,这种思想逐渐渗透到法国的各个阶层,君主政体遇到了前所未有的威胁。最早发表于1484年的传统的陈情表(Books of Grievances),到1789年时已经满篇都是革命的呼声:(要求)一部限制王权的宪法、私有产权、个人自由、一切人的平等权利、言论自由,以及取消贵族不纳税、不劳动的特权。

这些思想使一百多年来法国君主制的一切都变得毫无意义,并最终在1789年7月14日以恐怖的暴力形式宣泄出来。在那一天,一群愤怒的巴黎暴民突袭了巴士底狱——王权专政的象征。在让-雅克·卢梭提炼的"自由、平等、博爱"的口号鼓舞下,事情的发展让路易十

网球场宣誓(1789),反映出法国人建立一种新的自由宪政制度的决心。三周后,大革命爆发。(布里奇曼美术图书馆)

六根本无法控制。1789年5月5日，路易十六被迫在凡尔赛宫召开三级会议，与会的是三大主要社会阶级——僧侣、贵族和平民——的代表，在法国历史上，这三大阶级曾不时地聚会探讨法国的政府问题。但自1614年以来，这还是第一次召开三级会议，这次会议绝对不同以往。

路易十六迫于压力只得按照民众的要求重组法国的统治结构，会议决议上的条条诉求于是都变成了现实的行动。起初，路易十六只不过是顺风转舵，为力求和平，他假意赞同革命，戴上象征革命的红白蓝三色帽徽。而私底下，路易十六正阴谋策划携全家外逃，企图在海外召集支持力量之后再回来扫除革命、清除其革命领袖。1791年3月，路易及其家人在逃到瓦伦纽斯时被逮捕，其后被带回巴黎，并被软禁在自己的王宫当中。

1791年9月4日，吓破了胆的路易十六国王同意签署了法国第一部宪法，这部宪法让他从一位绝对君王变成了没有实权的虚位元首，国王从前的一切权力——包括发动战争、与外国签订协议的权力——统统被取消。现在的法国国王正处于和立宪制下的英格兰君主相同的境况，在一百年前的1689年，英格兰引入君主立宪制，国王大部分的权力和特权都被收归议会。但是，这种境况也很快成为泡影，英格兰君主所处的地位远比法国国王安全，由于国王在新的政府系统中的角色——"王在议会"——英格兰的君主立宪制保留了国王。而路易十六却没有这样的安全保障。1792年6月20日，由左翼分子马克西米连·德·罗伯斯庇尔领导的强硬派革命分子攫取了当时统治法国的公共安全委员会的主导权，开启了所谓的恐怖统治时期。罗伯斯庇尔及其支持者肆意击杀其阶级敌人：牧师、贵族、资产阶级，其中最主要的目标就是国王和他的家人。

1792年9月21日，法国正式废除了君主制。四个月后，路易十六在巴黎被砍头；王后玛丽-安东万和王室家族其他成员也同赴黄泉。

在1804年的加冕典礼上,拿破仑为自己和妻子约瑟芬皇后授冠。(布里奇曼美术图书馆)

路易十六的儿子、少年国王路易十七世成为法国名义上的国王,他一直被监禁,并于1795年左右死在狱中,据悉很可能是中毒身亡。然而,颇令人感到讽刺的是,正是法国大革命,这一欧洲近代史上影响最为深远的事件,催生出了一位领袖——拿破仑·波拿巴。1804年拿破仑称帝,通过一系列辉煌的军事行动,他将法国的势力发展到连路易十四也未曾想象过的领地。

拿破仑在1815年滑铁卢战役中败北,被最终打败,波旁王朝再次复辟,路易十六的弟弟路易十八和查理十世分别于1814年和1824年接任国王。路易十八清醒地看到,大革命已经使法国社会发生了根本性的变化,君主体制也必须做出改变,他明智地在法国引入议会制政府。而查理十世则正相反,他力图重新确立君权神授和绝对君主制,然而,他很快就看到,1789年的法国大革命并不是法国和欧洲所面临的最后一场风暴。

第五章 绝对君主制与神授君权

第六章
1848，革命之年

加拿大裔经济学家约翰·肯尼思·加尔布雷思（John Kenneth Galbraith）曾经说过，成功的革命"往往都是踢倒一扇腐朽的门"。这的确是1789年在法国所发生的事情，但无论是这次革命还是1814年之后的王朝复辟，都未能加固那扇门。随之而来的是王室以及其他寡头统治者与新的自由主义之间的激烈冲突。这场角逐不仅发生在法国，而且波及整个欧洲；统治精英们与从前软弱无力的群众展开了一场斗争，而结局只有一个：成者王侯败者寇。不同寻常的1848年成为这一过程的标志性年代，这一年，革命在整个欧洲全面爆发，撼动着这一大陆的整体政治及社会结构。那些君主们曾深信他们的特权不可动摇、他们的地位神圣不可侵犯，但在尊重普通人权利的时代强音下，他们不得不正视对新的宪法和自由主义改革的强烈要求。欧洲从此改变了面貌，君主政体也不复旧观。

法国大革命从根本上改变了人们对国王与其王国关系的旧有观念：国家过去是君王的个人财产，如今却属于生活于其中的人民。就像地震一样，暴动在每个国家都发出了先兆，即便是普鲁士和奥地利这两个在1789年之前就已进行改革的国家。这种称之为"开明专制"

的策略是启蒙时代的产物，而启蒙运动是一场哲学和知识革命，18世纪发展到巅峰，其目标是通过社会进步、教育和理性的实践将广大群众从愚昧、迷信和受剥削的境遇中解放出来。

"开明专制"一词听起来似乎有些矛盾，但它在这类君主眼里却是意义重大。他们认识到，通过改善肮脏的生活条件，提高微薄的薪酬，改变毫无希望的将来，臣民们会有更多的工作期望，他们的王国可以从中受益更多，国家所做的这些让步似乎也不会威胁到君主的王权。而绝不是那样。按照这种设想，开明君主表现出对其臣民疾苦的关怀，便可更容易获得民众的感激，同时也维持了其精英地位。大文豪伏尔泰因此就确信，未来属于开明专制政体。

在奥地利，女大公玛丽亚·特丽莎以及她的儿子、王位继承人约瑟夫二世皇帝实行了专制极权，但他们同时也实施了一系列极大减轻奥地利农民负担的改革措施。皇帝比他的母亲更有魄力。玛丽亚·特丽莎只是减轻了奥地利农奴的税负，而约瑟夫则干脆废除了农奴制。约瑟夫允许他们学习技术、结婚、教育子女，总之就是可以改善自己的生活；仅仅透过这些被赐予的自由权利，我们就能看出农民曾经遭受过怎样的深重压迫。这位皇帝还进一步采取了极其宽容的宗教政策。1781年，他颁布了《宽容特令》，解放了加尔文教徒、路德教徒、希腊东正教教会成员以及犹太教徒，而在当时大多数其他欧洲国家的这些异教徒仍然备受迫害。

俄国经历了很长时间的残暴统治。凯瑟琳女皇二世——即凯瑟琳大帝——读过启蒙思想家伏尔泰和激进的丹尼斯·狄德罗等人的哲学著作，从而形成了开明专制的思想。她和远在法国的伏尔泰有通信往来，在登上王位之前很久她就已经认定俄国是个未开化的落后国家，迫切需要现代化，确切地说，是需要通过实行开明专制来实现现代化。1762年，凯瑟琳精神错乱的丈夫、沙皇彼得三世在一场很可能受其妻子支持的密谋下被废黜并被杀害，凯瑟琳登上俄国皇位。五年之后，凯瑟琳颁布《诏令》，其政策明显受到查尔斯·德·塞孔多特·孟德斯鸠男爵以及意大利法学家贝卡里亚侯爵的思想影响——前者倡导自由和宗教宽容，后者主张取消对罪犯实施酷刑。出于贝卡里亚式的同情，凯瑟琳废除了刑事审判中的刑讯逼供。她在俄罗斯的重要城镇建立免费学校、实行一定程度的宗教宽容、为贫困者提供医疗服务，并将公民权利的概念引入俄国。

争议最大的开明专制的君主是腓特烈二世①——即腓特烈大帝——他于1740年登上普鲁士国王宝座。与俄国的凯瑟琳大帝一样，他在登基之前也接受了启蒙思想家们的哲学思想。腓特烈怀着一种崇高的情怀在他的散文集《论政府的形式》中写下了自己作为一个皇帝的神圣职责。

> 统治者应该时刻提醒自己：同地位最为低微的臣民一样，自己也是人。君主是一个国家最高的法官、将军、财政家和大臣——这些不仅仅出于他的声誉考虑。因此，他应该小心谨慎地履行与其职位相关的职责。他仅仅是国家的第一公仆。为此，他必须诚实、英明、公正无私，这样他才能在任何时候都表现为国民的好管家……君主、最高统治者和国王们并没有被赋予所谓最高的权力，不可以过荒淫无度、奢侈浪费的生活；他们也并非高于他们的同辈之人从而可以四处炫耀，欺凌那些守规矩的、贫穷的受苦人……君主只是其国家的代表，他和他的人民是一体的。统治者和被统治者只有在彼此紧密团结的情况下才能都得到幸福。君主对于人民就像头脑对于躯干一样。他必须用自己的眼睛和大脑为整个共同体服务，并代表集体为共同利益而行动。如果我们希望将君主制置于共和制政府之上，那么君主们的职责是显而

---

① 又译作腓特烈大帝。——译注

易见的:他们必须积极、勤奋、正直而诚实,并将自己的全部力量贡献于自己的工作、使之充满价值。①

这些思想都体现在腓特烈的改革当中。他与议会代表相互合作。像凯瑟琳一样,他也接受切萨雷·贝卡里亚的思想废除了刑讯折磨;他甚至还禁止财产处罚。同样吸收了伏尔泰之传承,腓特烈对少数派异教徒(包括穆斯林)实施保护政策,但另一方面,他却为了将犹太人驱赶出普鲁士而对他们苛以重税。

按照启蒙运动的这些理念,人本主义改革、宗教宽容以及君王作为一国之公仆等等理念和措施都应该使得民众更加心满意足和充满成就感,从而愿意为改善其生活的仁慈的统治者效忠。然而事实并非如此。个别的君主——如玛丽亚·特丽莎和腓特烈大帝——其本人获得了人们的崇敬,但他们所施行的自由而专制的统治从长远来看却并不为人们所接受。这些措施不是自由,也不代表真正的人权:它只是一种恩惠,只在这些遵从启蒙运动原则的君王统治时期才得以维持。而即使在这样的时期,君王对这些原则也并非无条件地遵从,他们还要考虑维护其自身的统治。

以腓特烈大帝为例,尽管他采取了一些保护普鲁士农民不受其领主虐待的措施,但他仍然保留了封建贵族的特权地位、维持农奴制度。在俄国,当看到一个国家在自由、平等、博爱的口号的推动下走向法国大革命这样一个血腥结局时,凯瑟琳大帝的改革热情也走向了反面。在意大利托斯卡纳,利奥波德二世大公曾试图为其臣民制定一部自由主义宪法,其中包括对王权的十分重要的限制,但最终却被其兄弟奥地利皇帝约瑟夫二世否决。

---

① Barker,第 22—23 页。

同样，在瑞典，古斯塔夫三世国王也被视为开明专制君主，他向普通人开放了公职，允许农民购买土地，并实行一定程度的宗教宽容；但与此同时，他于1772年颁布了一部加强国王权力的新宪法，接着在1789年，他又以"安全"为由，取消了"议会"的立法权，将其重新收为国王的权力。

因此，这些君主们与自由主义改革只能同安乐而不能共患难。当困难出现时，他们就原形毕露，变得更为专制而不是更为开明。与此相似的一个稍晚的例子就是法兰西国王路易·菲利普。他通过1830年的自由主义革命而登上王位，却在1848年的另一场革命中下台。从逻辑上来讲，拥有一流的自由主义资格背景的路易·菲利普本应该能获得成功。他曾支持法国大革命，尽管他的父亲因此被送上断头台；1793年，作为国民议会议员，他曾投票处死其堂兄——法国国王路易十六。1814年，路易·菲利普也是自由主义反对派的一员，他反对路易十八回国，反对波旁王朝统治。

当波旁王朝最后一个皇帝查理十世拒绝大多数自由派人士回国参加1830年7月13日的选举时，路易·菲利普就成为了国王的替代人选。查理后来又解散了自由议会，只允许大地主参加投票，并谴责媒体。暴动随之而起，查理被迫逊位。路易·菲利普是七月王朝唯一的君主，人称公民国王。在七月王朝初期，他先是被由议员和贵族组成的巴黎临时政府推选为陆军中将，后来又被尊称为"承上帝眷顾和人民期望之法兰西国王"。

这一措辞是意味深长的。路易·菲利普作为一位立宪君主登上了法国的王位，他将对一个限制他权力的政府负责。他承诺取消贵族阶层并扩大公民权利，但这一切都没能实现，因为他无法获得法国社会足够广泛的群体的支持。路易·菲利普的权力依赖于一个尽管有钱但非常狭小的群体——资产阶级。两大极端政治派系——保皇派和共和派——都反对他，甚至连那些期望拿破仑的后裔重登法国王位的波拿巴主义者们也反对他。

保皇党人并没有将路易·菲利普视为皇室贵胄，尽管他的确拥有波拿巴家族的血统。他们心目中"合法的"皇族是那些辈分更高的波拿巴嫡系——恰恰是路易·菲利普曾参与推翻的那些人。除此之外，保皇党人还认为路易·菲利普缺少一个国王所应有的庄严气度。对他们来说，王权，就是法国大革命之前的那个时代凡尔赛的绝对君主制所具有的那种令人敬畏的魔力。像路易·菲利普这样，衣着普通、没有卫兵护卫就穿行巴黎的街道、随便和臣民握手，这种国王简直有损于王权的高贵与威严。

而共和主义者和工人阶级则根本不相信路易·菲利普会实行改革来改善他们的经济状况、赋予他们充分的公民权利或削减特权、促进社会平等。那个时候，法国正面临财政和产业两方面的严重危机。所有银行都负债累累，濒临破产。法国的主要产业农业十分落后，仅处于维持生存的水平。农业的一次严重歉收就是一场巨大的灾难，往往会加剧本已肆虐的饥饿、瘟疫、失业以及随之而来的诸多问题。

路易·菲利普几乎不知道应该从何处下手来解决这些根本性的问题，全国上下蔓延着不满和猜忌，到处都有群众抗议和示威。拥护共和主义的人组织了秘密会社，这使路易·菲利普所面临的暗杀危险比以往任何一位法国国王都多。一次精心设计的暗杀发生在1835年7月28日的巴黎。刺客是一个名叫圭塞普·玛丽亚·菲厄希的共和党人，他属于一个名为人权社的极端组织。菲厄希自己装配了一种武器，由撞针相连、可以同时开火的二十五杆枪组成，巴黎警察称之为"定时炸弹"。结果，连发式的子弹射死了十八名在场的旁观者，但路易·菲利普和他的儿子却逃过一劫。五年以后，拿破仑·波拿巴的侄子路易·拿破仑在布格涅发动政变，但也以失败告终。除此之外，路易·菲利普还饱受宣传攻击：作为街头漫画的讽刺对象，有的漫画将他描绘成蓝胡子杀手，而有的则喻之为圣经中的该隐——最早的有记录的杀人犯。

侮辱和诬蔑、人身危险、以及根本无法管理好桀骜的法国人所带来的绝望感，这一切都最终埋葬了路易·菲利普的自由主义冲动，并使他本能地选择了独裁统治：他依靠镇压手段、钳制言论，并试图"修正"陪审团之审判。受其极端保守的总理弗朗索瓦·基佐的鼓动，他坚决反对任何形式的选举改革。最终，路易·菲利普废除了1830年法国宪法——正是这部宪法帮助他成为"神圣不可侵犯的国家最高首脑"，也正是这部宪法确立了各种符合自由主义信条的政治原则，诸如法律面前人人平等、信仰自由、言论自由等等。

路易·菲利普统治时期法国政治一片混乱的景象使得这个国家最终沦为专制国家，诸多政治自由权利包括政治集会全都被禁止。各种反对派——共和主义者、激进分子、波拿巴主义者——则依靠各种托辞和手段来逃避法律的责任：比如借口宴会等社交活动来秘密集会。但这些伎俩并没有蒙骗过政府的眼睛，1948年2月22日，当局禁止了一场即将于两天后在巴黎举行的大型宴会。整个1848年的春天，抗议者和游行示威者怨声载道，极端的共和派和波拿巴主义分子不时发起成群的民众聚会，并在巴黎的街角向他们发表长篇演说。

在这些蛊惑人心的行为影响下，反抗终于爆发了。高喊着"不自由，毋宁死！"的口号，抗议者洗劫了武器库，筑起街垒，准备与政府军一决雌雄。与此同时，一大群暴徒涌向杜勒丽行宫继续进行抢劫。

这伙人又围攻了警察局和邮局，其中一些人还攻入了议会大厦，后来暴民攻占维拉旅馆并在此宣布成立共和国[①]。在近乎歇斯底里的极度兴奋之中，新政府承诺减少工作时间并为失业者提供工作。

[①] 即法兰西第二共和国。——译注

在此期间，路易·菲利普孤注一掷地想挽回败局。他解雇了保守反动的弗朗索瓦·基佐，让相对主张自由主义的巴黎伯爵路易·马修担任总理。但一切都太迟了。革命者已经在建筑街垒——到2月24日已建好一千五百处街垒，起义群众也已经走上街头。目睹这一切，路易·菲利普清楚自己大限已到；他放弃了王位，改名为"史密斯先生"仓皇化装逃往英格兰。1850年，路易·菲利普在流亡途中死于英国萨里郡的克莱蒙特。

回溯20年前，那场将路易·菲利普送上王位的法国革命①波及到荷兰、波兰以及意大利和德意志的部分诸侯国。在所有这些地方，苦难伴随着恐怖的暴力。德国批准了宪政改革，但随着当局重新占据上风并镇压了起义，政府又收回了承诺。波兰和意大利为了维持秩序，也采取了极为严酷的镇压手段。

法国1848年二月事件成为日后一系列波及面更广也更为严重的诸多革命事件的导火索，而此前1830年至1832年间的那些事件只不过是小规模的彩排而已。在英国，三十年来一直鼓吹男性公民普选权的宪章派们，在约克郡的哈利法克斯集会时说出了全欧洲受压迫的人们的心里话。宪章派通过了一项决议赞扬法国所树立的榜样，他们说：它（1848年法国二月革命）"值得一切被君主专制统治所蹂躏的民族所仿效，但尤其适用于那些被专制寡头所统治的国家。"

令人感到讽刺的是，这里面不包括英国，因为它的君主已经接受宪法长达两个世纪了，而且那些在工厂和矿区里贫穷而地位低下的人们的境况问题已经成为这个国家自由立法的主题。英国，尤其是伦敦，并非不存在紧张关系②，各种社会不平等问题俯拾皆是；但英国人，包

---

① 指1830年的七月革命，七月王朝因此得名。——译注
② Price，第41页。

括宪章派自身，较之同时代的其他欧洲人，仍然普遍缺少革命的精神，他们更倾向于通过议会或者直接向国王呼吁来寻求对不平之事的补偿救济。

然而，在英吉利海峡对岸，宪章派的决议更像是一个预言而非一种声明。革命就像瘟疫一样在这个大陆上泛滥，从一个国家传播到另一个国家。受1848年二月巴黎事件的鼓舞，武装起义蔓延到奥地利和匈牙利、德意志和意大利的多个诸侯国，还包括诸教皇国、荷兰联省和石勒苏益格—荷尔斯泰因（Schleswig-Holstein，此时它是丹麦的一部分）。各地的反应几乎一模一样：废除专制统治，实行普选制、新闻自由，允许组建工会、实施罢工等，总之就是实行自由宪政。总的来说，1848年的革命构成了有史以来对君主制及其所代表的一切事物最大规模的群众性进攻。

群情汹涌，王室之反抗徒劳而无益。这一次，革命获得成功——或者说看起来成功了——并不是因为它们所打击的是加尔布雷思所说的腐朽之门，而是因为当时大部分欧洲君主都非常惊恐，他们很快就屈服了，并希望自己能够幸存下来以便来日反扑。在普鲁士，腓烈特大帝的开明专制勉强维持到其逝世。1788年，在腓烈特死后仅两年，他的侄子——腓烈特·威廉二世继承王位并在普鲁士废除了新闻和宗教自由。腓烈特·威廉的儿子、腓烈特·威廉三世深受俄国沙皇亚历山大一世和奥地利首相克莱门斯·冯·梅特涅亲王的影响，将普鲁士进一步带向独裁统治。梅特涅信奉由高效率的官僚支撑的强势君主，他是欧洲绝对君主统治最突出的代表人物，他对心地善良但又十分敏感的腓烈特·威廉三世的影响十分深刻，使得威廉三世否认了他曾经承诺过的自由主义宪法，而这正中这位国王的儿子和继承人腓烈特·威廉四世下怀。1840年，腓烈特·威廉四世成为普鲁士国王。他笃信君权神授，憧憬着一个像理想中的中世纪德意志那样充满了无限荣耀的天主教联合国家。

威廉四世在登基之初曾给人们带来了自由主义改革的希望,他放松了新闻审查,设立委员会,其成员由各省三政会的代表组成,每半年聚会一次向新国王提出施政建议。但这些做法很快回潮。腓烈特·威廉四世骨子里还是一位保守的统治者,他对现代自由政府并没有多大的兴趣。[1]事实上,他憎恶议会、宪法和其他任何形式的民主改革的限制,他尤其憎恨法国大革命提出的理念及其影响。

1848年大起义的影响于三月份扩展到普鲁士。腓烈特·威廉四世对其皇宫门口的威胁感到惊恐万分。人们在皇宫门口示威抗议;整整一个星期,普鲁士的首都柏林处于极端的混乱之中。士兵和平民在柏林街头持续不断地交战。大约有两百平民伤亡,其中大部分都是熟练的技术工人。[2]流血事件更加激怒了柏林人,腓烈特·威廉四世的弟弟——领导皇家武装力量的威廉亲王——不得不逃到英格兰寻求庇护,一年之后才返回普鲁士。

同时,腓烈特·威廉四世很快便屈服,他承诺结束新闻审查,同意新闻自由,召开普鲁士联合议会制定新的选举法,成立一个全德议会并制定新的宪法。他的妥协如此之大,近乎懦夫的让步。在一份名为"致我亲爱的柏林公民"的声明书中,腓烈特·威廉四世命令自己的部队从街道和公共广场撤回到营地。柏林部队的指挥官卡尔·路德维希·冯·普里特维兹将军愤怒无比,但还是听从了皇帝的命令,柏林的街道又回到人民手中。

冯·普里特维兹认为皇帝对付叛乱的恰当反应是,给予那些暴发户们一个永不会忘记的无情教训,这其实也是腓烈特·威廉四世心

---

[1] Price,第23页。
[2] 同上,第40页。

里所想的。但在当时那样一个环境下，皇帝处于愤怒的——也是危险的——柏林人手中，他事实上别无选择。3月21日，皇帝身着代表国家的白、黑、金三色衣服，骑马通过首都的街道，以这种方式向人民的意志递交了投降书。

整整四天的恐怖与危机结束了，腓烈特·威廉四世得以隐退到波茨坦。皇帝幸存下来了，但1848年3月18日至21日的整个事件，深深地撼动了他自幼的信仰，使其深陷沮丧之中。利奥波德·冯·格拉赫，一位参谋将领，如此形容腓烈特·威廉四世：他深受"无奈、软弱、冷漠和绝望"的交叉折磨。皇帝的心情是可以理解的。像1830—1832年以及1848年间的所有抵制自由派改革的保守主义者一样，腓烈特·威廉四世相信，满足（民众）要求就会令他们得寸进尺，直到改革的洪流摧毁整个既有秩序。

1789年之后的法国就是这样的，王室家族、大量的贵族和资产阶级都在自由的名义下命丧巴黎的断头台，猖獗的平民阶级在斑斑血迹中重铸了一个法国；但1848年却不一样，此时将不会再有暴力行为的不断升级。然而，只要存在出现这种结果的可能，事态就变得极端严峻。雪上加霜的是，腓烈特·威廉在普鲁士的下台激起其他德意志公国连锁性骚乱反应。初期的后果就是工会的组建，这对于19世纪的政府在任何其他时候都是克星。同时还有人试图在法兰克福召开全国代表大会，创建一个统一的德意志"帝国"。这种尝试，相对其时代来说无论如何都太过超前了，事情由于腓烈特·威廉四世国王拒绝大会请他称帝的邀请而告夭折。国王的理由是，作为拥有神授君权的普鲁士的统治者，他不能接受除上帝以外的任何方式的委任。而法兰克福大会是要推举一位立宪制的而不是绝对专制的君主，这无疑也是国王拒绝的部分原因。

与德意志相邻的奥地利则承受着双重折磨，其一来自国内的激进分子,其二则来自它的共主国匈牙利境内的叛乱分子,后者试图脱离哈布斯堡王朝的统治。匈牙利的领导人拉约什·科苏特是一个煽动叛乱的宣传家,他曾因叛国罪蹲过监狱,此时正在呼吁税制改革和人民的代表权。奥地利皇帝斐迪南根本不是这个辩才超群的爱国者的对手:作为一个身体畸形、智力低下的癫痫病人,斐迪南被自己身处的危险局势彻底吓懵了。他很快就向科苏特及其支持者投降,并于3月15日颁布法律,给予布达佩斯的匈牙利政府很大程度的自治权。

在此之前两天,在巴黎发生过的一幕又在维也纳上演,示威群众充斥街道,受命驱散群众的武装部队遭到了石头瓦砾的迎头痛击。① 不久,士兵们开枪了。街上的障碍物越来越多,一些国民卫队的队员也开始拒绝执行向示威群众射击的命令。混乱和暴力不断升级,必须要有人出来做替罪羊,首相兼外交部长冯·梅特涅亲王成为理想人选。梅特涅被视为奥地利帝国镇压行为的罪魁祸首,3月13日,他被迫辞职。费利克斯·施瓦曾伯格亲王成为新的首相,这也是一位保守主义者,但相对更为温和。

斐迪南皇帝的让步尚不止于此。他被迫承诺实施新闻自由,批准成立部长会议,为其臣民制定新的宪法并实行普选制。然而,身心俱弱的皇帝承受不了所有事件的打击,他在5月17日逃离了维也纳,到摩拉维亚②奥尔莫兹地区大主教的宫殿避难。1848年底,施瓦曾伯格策划了斐迪南的退位,斐迪南逊位并将御座留给了他十八岁的侄子弗兰茨·约瑟夫。随后,斐迪南带着妻子退隐到布拉格的克拉尼克城堡,从此,他不再是哈布斯堡皇室家族的尴尬,也不再是施瓦曾伯格的眼中钉。在退隐生活中,这位不幸的前皇帝最终得以自由地从事自己的

---

① Price,第38页。
② 摩拉维亚,现捷克和斯洛伐克中部一地区。1562年处于奥地利哈布斯堡王朝统治之下,1918年并入捷克斯洛伐克。——译注

爱好：研究植物、创作音乐和设计纹章；他还可以沉溺于自己最喜欢的消遣活动：钻进一个废纸筐中，在地板上滚来滚去。

然而，奥地利国内和匈牙利所发生的事情并非帝国政府在1848年遭受的唯一冲击。奥地利在意大利的领土和利益也受到了威胁。这一次，威胁来自政治煽动家，这些人已经抗争了十五年之久，他们要利用革命的机会实现自己的目标：意大利的独立与统一——这就是朱塞佩·马志尼于1833年组建的青年意大利运动的目标。马志尼是一位热那亚籍爱国志士、共和党人。毫不奇怪，青年意大利的口号——"自由、平等、博爱、独立和统一"——与法国大革命的口号非常相似。

到1848年为止，三百多年来，意大利不断地被形形色色的外国征服者瓜分蚕食：16和17世纪是西班牙哈布斯堡王朝、18世纪是奥地利哈布斯堡王朝，1796年①和拿破仑崛起之后，一个法兰西政权又将意大利各公国当做自己的卫星国，并向它们灌输法国革命的理念。然而，意大利与自由价值观的首次邂逅是短暂的。随着拿破仑的失败，1815年的维也纳会议重绘了欧洲版图，又将意大利划归前任主人的专制统治之下。哈布斯堡家族的三个成员分别接受了各自的遗产。弗兰茨·约瑟夫皇帝的叔叔斐迪南大公得到了托斯卡纳；弗朗西斯·德·伊斯特大公拿到了摩德纳；帕尔马和皮亚琴察则被分给弗兰茨·约瑟夫的女儿、拿破仑·波拿巴的第二任妻子玛丽-路易丝皇后。半岛剩下的部分则作了如下划分：罗马教皇得到一块，并将它并入了现存的教皇国；热那亚划归撒丁王国；而两西西里联合王国——包括西西里岛和那不勒斯——则赐给了西班牙国王查尔斯三世的儿子、路易十四的后裔斐迪南。

外族的占领激发了意大利全境的抗议和武装起义，包括摩德纳、

---

① 1796年，拿破仑率领的法国军队在意大利北部突破意奥联军防线。——译注

帕尔马、诸教皇国、罗马涅区、安科纳、卡拉布里亚以及伦巴第等地区。这些起义全部都受到镇压，但意大利人推翻外族专制统治，尤其是奥地利哈布斯堡王朝统治的意志并没有就此熄灭。1837年和1847年那不勒斯和西西里地区就出现了骚乱、兵变，以及推翻政府的行动。但直到1848年1月12日——法国反抗路易·菲利普的起义发生前六周，反抗斐迪南国王的革命怒潮才全面爆发。国王还面临着帝国分崩离析的危险。西西里、巴勒莫的叛乱者和示威者要求恢复1812年宪法，这部宪法是在英国的保护下制定的，包含有西西里岛独立于那不勒斯的内容。斐迪南出动军队，但军队被革命者打败了。僵持一个月之后，国王认输了。

2月10日，国王批准了新宪法，允许由部分选民投票选举代表组成议事会，却没有规定对国王权力的限制，也没有宣布西西里独立。这当然不能让人民满意。于是起义再次爆发，那不勒斯也筑起了街垒。西西里自发宣布独立，卡拉布里亚成立了革命政府，于是斐迪南国王又一次让步。

随着革命的发展，意大利的示威抗议和起义风起云涌，整个的既有制度已面临崩溃的危险。甚至连罗马教皇庇护九世也被迫于1848年3月14日颁布了含有向自由主义让步措施的宪章。但由于该宪章未允许人民参与政府，这些措施未被接受，庇护九世被迫逃离罗马，革命者计划用共和国来取代教会的统治。与此同时，托斯卡纳的制宪大会也在进行，被打倒的大公利奥波德二世则仓皇离开佛罗伦萨，与教皇一起流亡到了那不勒斯的加埃塔镇。

在意大利北部的皮埃蒙特－撒丁王国，君主查尔斯·阿尔伯特也在极力抵抗自由主义浪潮的冲击，但也像别处一样，国王无法抵挡强大的社会压力。抵抗只持续了几个星期——皮埃蒙特两个主要的城市都灵和热那亚发生的暴力骚乱吓得阿尔伯特慌忙投降。1848年2月

8日，他极不情愿地签署了一部宪法，或者说是一部成文法令，其中规定对非天主教徒实施宗教宽容政策，并取消了对新闻自由的部分限制。

然而，这部法明显不是一份革命性文件。尽管它确立了两院制议会，但这两院成员的组成都更偏重保守分子而非自由主义者：下院成员由有限选民投票选举产生；而上院成员则由国王指定。议会分享了国王的部分权力，但国王仍然控制了外交和军事等重要领域。而且议会也不对政府大臣拥有权力，后者只对国王负责。

尽管最宝贵的也是最根本的自由主义目标只得到了部分实现，但这部法律还是可以接受的。自3月4日颁布之后，托斯卡纳政客恺撒·巴尔博执掌了皮埃蒙特第一届宪政内阁。从此，皮埃蒙特开始了从绝对君主制向宪政内阁制的转变，其进程比其他挣扎在革命旋涡里的欧洲国家要顺利得多。随后，伦巴第也爆发了反抗奥地利统治的大规模起义。米兰人民为了争夺城市的控制权，与奥地利军队展开了整整五天的激烈战斗。尽管奥地利人拼命抵抗，最终还是被赶出了米兰。一位米兰市民，弗朗科·德拉·佩鲁塔在日记中记下了这场战斗的最高潮：

> 随着赢得这场艰苦战斗，把我们的国家从可憎的压迫者手中解放出来的希望与日俱增，所有的家庭都开始自发地在自家阳台上挂起迷人的意大利旗帜。临近傍晚，圣·辛普利西亚诺（San Simpliciano）的军营已被我军收复。大约七点半夜幕降临之时，已经能够听到来自城堡方向的隆隆炮声，这炮声一直持续到午夜以后，随着不断的枪声大作，很清楚，一场恶战正在进行……伴随着黎明的到来，全市已是欢腾的海洋。此时，夜战的捷报传遍了大街小巷：夜间，许多我军战士攻破城堡，敌军自知已面临绝境，于是惶恐地决定撤退；敌军慌忙聚集了全部的武器和约三百

门大炮，并带走了招募的新兵以及他们仍扣为人质的意大利士兵和部分市民。他们在临近午夜时放弃城堡，从军事广场经塞比内大街无耻地逃跑了……

就连久负盛名的奥地利指挥官约翰·雷德斯基伯爵也随着这支部队溃逃了。德拉·佩鲁塔写道："据说，凶残的雷德斯基藏在一袋妇女内衣中，随着一辆马车逃走了。"当时雷德斯基已经八十二岁高龄，在那个时代已属垂垂老矣，但他依旧老奸巨猾。1848年3月23日以后，查尔斯·阿尔伯特国王对此深有体会：当时，受米兰大捷的鼓舞，他决定带领皮埃蒙特展开与奥地利的全面战争。

对意大利复兴运动的支持者来说，这是些令人兴奋的日子，他们憧憬着一个独立而统一的意大利即将诞生。然而，奥地利在米兰的惨败并没有昭示意大利的光明前途。查尔斯·阿尔伯特带着印有自由意大利三色标志的围巾（这是充满感激的米兰人民送给他的），看上去噱头十足。在兴奋当中，米兰人误解了查尔斯·阿尔伯特的抱负：他并不关心意大利复兴运动，他真正的目的是要扩张自己的领土。但在人们的亢奋情绪中，国王成为意大利反抗专制的象征，大批的志愿者从伦巴第、那不勒斯、诸教皇国和威尼斯赶来加入他的军队。

幻想很快就破灭了。皮埃蒙特的军队训练不足且装备不够，与奥地利军相比就是一群乌合之众，而查尔斯·阿尔伯特的军事才能又远远不及老谋深算的雷德斯基。志愿者们很快就作鸟兽散。在经历两次严重挫败——一次在库斯托扎，另一次是1849年3月皮埃蒙特人在诺瓦拉被包抄——之后，查尔斯·阿尔伯特的命运已成定局。这是对意大利复兴运动的一次重大打击，皮埃蒙特被迫退回到1815年时的初始边界。羞愧之下，查尔斯·阿尔伯特放弃王位流亡葡萄牙。四个月后，1849年7月29日，他死于葡萄牙。

此后又过了十二年，有了振兴意大利复兴运动的三杰——理想家朱塞佩·马志尼、皮埃蒙特政治家卡米洛·本佐·加富尔伯爵和军事领导人朱塞佩·加里波第——的扶助，查尔斯·阿尔伯特的儿子及王位继承人维克托·埃马努埃尔①二世才得以于1861年3月17日成为统一后的意大利第一任国王。而查尔斯·阿尔伯特颁布的成文法也得以在新王国的全境实施。

然而，这却是在1848年革命压力下颁布的诸多宪法中唯一一部沿用下来的宪法，皮埃蒙特-撒丁王国也是唯一一个保留了宪政统治的国家，其他的反动政权并没有如革命者期望的那样被彻底打倒：反动派只是受到冲击而失去平衡，他们表面上的倒台与让步并非失败的象征，只不过是战略性的撤退。他们的绝对权力基本上并没有被触动，当时机到来时，他们还能重掌权位。

1848年5月15日，当依照新宪法选出的温和派议会召开大会时，两西西里王国的斐迪南国王利用宣誓效忠的形式问题，趁机挑起争论。争吵刺激了那不勒斯人民，他们又开始在街道上建筑街垒准备战斗。斐迪南的机会来了，就在大会原定召开的同一天，战斗也打响了，国王出动军队冲破街垒击败了起义军，几个小时之后，那不勒斯重归国王掌控。

与此同时，西西里人仍在努力争取从那不勒斯独立出来，他们拒绝了斐迪南所谓的自治。相反，他们在1848年4月13日直接宣布废黜斐迪南国王。四个月后，当斐迪南在那不勒斯的统治得以巩固之后，他决定给西西里施以颜色。从9月3日到7日，墨西拿在炮火声中屈服。英国和法国在交战双方之间的调停失败后，斐迪南于1849年5月15日重新征服了西西里，战争结束。此后，西西里仍然由国王个人统

---

① 也译维克多·伊曼纽尔。

治，政治压迫依然笼罩着这片土地。

柏林的革命也同样遭受了血腥的军事镇压。1848年9月，保皇军再次占据了优势。奥地利军队重新进入维也纳，五千人起义反抗接管，其中近两千人丧命。在法国，国王统治已经被共和国取代，但革命的果实却被僧侣和富裕的资产阶级等权势精英所窃取。这些人都对权力充满兴趣，对社会变革却无动于衷，更遑论那种可能会导致得势的平民阶级重新施行血腥的恐怖统治的变革了。

革命被"出卖"的明确迹象最早出现在1848年6月，当时，巴黎的国家工厂被关闭，数百万人陷入失业和贫困之中。工厂是生活正在改善的社会变革的标志，它的关闭立刻引发了暴力反抗。抗议中的巴黎人民再次筑起街垒，军队和国民卫队一齐出动，总共逮捕了一万多名叛乱分子，他们中大部分人是建筑工和工厂工人以及干苦力的人。经过街垒前的血腥厮杀，巴黎最终恢复秩序。

"当德·拉·莫特里大街的街垒被占领后，"画家兼国民卫队队长让-路易·梅索尼耶回忆说，"我意识到这次战争是多么的恐怖。我亲眼看见守卫者被击中、从窗户口被人推下来，大街上尸横遍地、血流成河……"[1]梅索尼耶的专长是描绘拿破仑战争的场景，后来他创作了一幅关于街垒战的画作，现在悬挂在巴黎卢浮宫。

六个月后，令人讽刺的一幕写进了这一革命之年的历史：路易·拿破仑以六百万张选票、百分之七十的得票率当选法国总统。对路易来说，这只是实现他真正的抱负——效仿他的叔叔伟大的拿破仑·波拿巴，成为法国皇帝——的第一步。政变发生在1851年12月2日，路易穿上了他渴望已久的皇帝华服，宣布成立法兰西第二帝国，自称拿破仑三世。他登基后的第一件事就是颁布新宪法，使自己成为法国的

---

[1] Price，第41页。

绝对统治者。

这些日子对自由主义者、激进派和理想主义者来说异常凄凉，他们曾经对1848年革命寄予了如此高的期望，尤其是那一时刻曾经真实地出现过，尽管是那么的短暂，但毕竟绝对王权曾被推翻，一个更为平等的世界也曾经出现在他们的掌控之下。尽管如此，反动势力也没有大获全胜，革命已在欧洲撒下了日后民主制的种子，尽管其萌芽尚小，但它们会随着时间流逝逐渐成长壮大。此外，空气中早已弥漫着变革的气息，绝对君主和他们的政府从此再也未能感到彻底安全。在19世纪中，皇室近乎疯狂地树立重重壁垒来保护自己。蓄着阴险的小胡子、身着黑衣的无政府主义者和冒烟的炸弹或许成为报纸和漫画中的笑料，然而他们确实是真实存在的，对其潜在的目标也的确构成极大的威胁。于是，皇室将自己保护得密不透风，与臣民日渐疏远。只要一出现动荡不安，他们就立刻采用最残酷的手段镇压。他们还不得不雇用贴身保镖、密探和特务来保护自己免遭暗杀。但有那么几次，刺客还是突破了他们的防护网：俄国、希腊都有皇室成员遭受暗杀，1898年奥地利的伊丽莎白皇后也被刺于瑞士日内瓦。这种事件每发生一次，皇室的恐惧就增长几分，被围困的心态也就变得更加强烈。

然而，这些防护手段并不能确保君主政体和它们的统治王朝存活下来，在两个世纪之前是英国人发现了一个秘密的活命方法。正因为如此，英国成为逃过1848年大劫难的屈指可数的几个欧洲国家之一。

第七章
君主政体在英格兰

英国从未实行过绝对君主专制制度,在英格兰实行绝对专制统治的企图都未获成功,总有一些资政组织挡在通往专制君主的道路上,例如盎格鲁—撒克逊时代的谘议院①、贵族以及后来的议会等,它们都曾声称自己有权利向国王提出建议;不仅口头声称这种权利,还为之奋力抗争,并将其强加于那些企图独揽大权的国王。这种做法不但将国王置于议会的控制之下,还保护了国王免受君权神授观念的损害——这种观念会导致国王思想落后僵化、失去创新或接受变革的愿望。不仅如此,这种英格兰式的君主政体将王室高高供起,使其超然于各种纷争之上,从而能随着形势、随着时代的变革和政治理念的变化一起发展。最终,随着1689年君主立宪制的建立,国王及其往日的反对者都在这种"王在议会"(King-in-Parliament)②的政治制度中找到了自己的位置。实践证明,这一制度能够和现代民主制共存,绝对主义和君权神授则对此望尘莫及。尽管如此,这并不意味着在君主立宪制建

---

① 即盎格鲁—撒克逊时代的议会,一种盎格鲁—撒克逊时代国王的顾问委员会,大约由一百个贵族、高级教士和其他官员组成,间歇性地开会讨论行政和司法事务。——译注
② 又译"君临议会"。——译注

立之前国王拥有绝对的自由。

国王所遭遇的最大挫折之一是财政问题。财税的征收问题非常严重，有时会令中世纪的英格兰国王难以发动战争，甚至无力保卫自身领地。但国王并非完全是吝啬臣民的无辜受害者，有时王室的苛捐杂税也甚于猛虎。1198年，英王理查一世——即狮心王理查——需要钱来开辟一片供皇室田猎用的新的森林，霍伍登的史官罗杰将这一事件称之为"一种折磨……始于令所有人对这片森林的正当性都疑惑莫名"。1275年之后，在英王爱德华一世的统治即将开始之前，为满足王室的目的，英国曾经几次开征一个针对私人物品和财产的新税种，以供皇家享用。一些最贫穷的臣民为了交税，被迫冒着饿死的风险出卖其种子粮。①

英王爱德华一世的统治开启了国王与议会关系的新时代，有关立法的事宜以及为供王室所需而加征的税种，都需要二者共同决定。到14世纪中叶，"王在议会"的程序已经成为政府的行为惯例，相比之下，在法兰西等更为专制的君主政体中，依然是由国王独自立法，且丝毫不受约束。然而，历代英格兰国王们很快发现，议会并非永远是很好的合作伙伴。当遇到筹资问题时，议员们可能会变得非常吝啬，他们非常善于把钱作为勒索桀骜的国王让步的武器。与此同时，日益复杂的逃税手段使王室金库总是得不到足够的资金。财产和土地价值的低估非常普遍，在整个14世纪，这一种类的税收收入仅占其实际价值的三分之一。两个世纪之后，到1507年，即英王亨利七世的统治行将结束之时，评估条例得以颁布并主要在伦敦港实施。然而，此时价值低估的手段已发展得如此完备，关税货物最后征收到的款项还不到其实际应征收价值的百分之十五。

---

① Lander, 第7页。

当时还存在一种普遍的情绪,即只有在国家处于紧急状态下才可以征税,而紧急状态一般意味着战争或是外敌入侵的威胁。然而即使在这种情况下,也很难从纳税人那里争取税款,因为议会有时会想方设法阻碍国王的意图。比如,在1472年和1475年间,众议院批准了一笔预算让国王爱德华四世对法发起战争,但议院同时要求该笔预算存放于安全之处,只有获得议会的特别批准之后,国王才能动用。①

由于上述种种阻碍,英格兰王室的国库经常处于资金短缺状态。有些人甚至反对为国防缴税,他们秉持"不在我家后院"的论调,认为那些领地受到直接威胁的土地主——诸如面临威尔士叛乱威胁的边境领主们②——才应该支付保卫其领地的成本。另外一种观点是,如果这些边境领主无法抵挡威尔士人,那么整个西部诸郡,甚至很可能整个英格兰都会面临危险,但有些人却对此置若罔闻。

财政问题困扰了英格兰国王数百年之久。然而,除此之外,还存在一种流行的呼声要求国王"自食其力",即要求他用王室土地和关税系统所获得的利润支付自身和宫廷,以及恩赏所需的费用。③在1449年和1450年,即约克家族与兰开斯特家族这两个彼此竞争的金雀花王朝皇族家族间的蔷薇战争④开战前的几年里,众议院要求必须大量减少王室庇护并对王室土地进行直接管理,原因是王室庇护会鼓励被庇护人利用这一体系来榨取财富。这样,国王将从自己的土地上获得大量收入,而不再依赖于臣民的纳税。

---

① Lander, 第10页。
② 边境领主 (the marcher lords),专指当时位于与威尔士接壤的英格兰西南边境上的法国诺曼底人地主。——译注
③ Lander, 第11页。
④ 又称红白玫瑰战争,发生于1455—1485年,是英国王族后裔兰开斯特家族和约克家族为争夺王位而进行的一场内战。兰开斯特家族以红玫瑰为族徽,约克家族则以白玫瑰为族徽,战争因此得名。——译注

这种制度被称之为"私立"君主制（endowed monarchy）。尽管爱德华四世实际上是被迫接受它，但这种制度却有助于其实现抱负：在1461年，约克家族的爱德华四世取代兰开斯特家族的亨利六世登上英格兰王位。作为一位通过战争——这从来不是获得王位的保险之道——赢得王位的国王，他看到，生存下去的上策是实现自给自足并恢复王室权威：此前，由于王室经济日益窘困，加之王室家族内部为争夺王位而发动了令王室颜面扫地的蔷薇战争，也削弱了其赏赐能力，因此王室的权威已日渐衰落。

幸运的是，对爱德华个人来说，这种私立君主制很适合他。他有着商人般敏锐的头脑，从而能够经营商业积聚起他自己的财富。爱德华国王从事羊毛和锡金属贸易，将商品销往欧洲大陆，并且获利颇丰；他还从进口税、货物的吨税和磅税中获取了大量利润，他将经营所得用于生活消费，并利用这笔钱建立了庞大的皇家地产，其规模达英格兰土地总量的百分之二十。爱德华四世是一位新型君王。他仍是一名能征惯战的武士，但他又是一位企业家，善于经营，还会自己做生意。这是一种创新，但可惜它无法持久。私立制君主们一直未能很好地平衡现金流和皇室恩赏之关系，终于耗干了王室的资源，使这一制度难以为继。

私立君主制的实验失败了，但议会却借此取得了对国王的优势地位。在国王接受私立君主制的过程中，议会所扮演的角色多少带有些强迫的意味，这本身就显示了自14世纪以来议会不断提升的地位与权威。这一地位来之不易。英格兰的贵族阶层——即议会的前身——经受了暴力、流血、内战，还有英王约翰及其子亨利三世的残酷威逼迫害，才赢得他们要求的"建议"国王的权利——所谓的"建议"其实就是"控制"之意。1215年英王约翰被迫在兰尼米德签署了举世闻名的大宪章，但这份文件并非像人们通常认为的那样，是一份关于人民自由权的宪章，相反，它只是确立了贵族阶层的权利与特权，当背信弃义的约翰食言否认这一协议时，内战爆发了。

1216年，英格兰贵族们决定邀请法兰西王储路易·卡佩来英格兰取代英王约翰，但邀请刚发出没多久，约翰国王就去世了。然而当约翰的儿子亨利三世继承父位之后，历史再次重演。贵族们为限制他实行专制统治，迫使他接受一份类似大宪章的文件——1258年的《牛津条例》。与其父一样，亨利屈服并签署了该条例；也像其父亲那样，亨利同样食言，内战再次爆发。1264年5月14日，亨利在刘易斯战役中被俘，落入其妹夫莱斯特伯爵西蒙·德·孟福尔之手，不仅成为西蒙的俘虏，还被当做人质和傀儡。西蒙胁迫亨利签署法律与政令，1265年他召集了一次由各郡和自治市镇代表参与的大会。西蒙的本意是要扶植他自己的势力，但该会议的长期影响却创造了众议院，并开启了议会通向英格兰政体最高权威的肇端。西蒙·德·孟福尔在第二年死于伊夫舍姆战役，他被亨利国王的儿子、后来的爱德华一世派出的杀手所杀。

1272年，爱德华在其父死后继承了王位，他充分吸取了其父亨利国王及其祖父约翰国王的教训，行事非常谨慎小心。爱德华重申了大宪章的条款，他将议会视为一种既能提高英格兰民众在政府中的声音、又能维护国王之地位的途径。尽管如此，英国的历史进程表明，这条路仍然崎岖不平。像爱德华一世这种聪明有为、能够洞察并顺应国家权力平衡变化的君王在英格兰实在不多。1327年继位的爱德华的儿子爱德华二世以及1399年登基的玄孙理查二世，都再次由于偏信宠臣疏远贵族而毁了自己。这两位国王都为其错误付出了沉重代价，他们都被迫退位，而且后来都被谋杀。

当然，这两位国王都是受膏①的君王——就像圣经旧约《撒母耳

---

① 此处"anointed"及后文的"God's choice"之翻译均取自中文和合本《圣经》。——译注

记》中记载的那种受上帝膏油者。①两人行径卑劣，甚至达到危险程度，但他们的继任者却仍然觉得这不足以构成取而代之的理由。爱德华三世继承其父爱德华二世、亨利四世取代其堂兄理查二世，两人都在继位时深感负疚，其原因不仅仅是因迷信而惧怕错待了上帝选中的国王将招致惩罚。在英格兰，国王的职位一直是与碰巧头戴王冠的那个具体个人相分离的：国王的身份自有其光彩，能让人生出钦佩和敬畏。因此，废黜或谋杀一位君王的行为不仅代表某个人的毁灭，更意味着对神圣传统的冒犯，其罪恶相当于叛国。

单纯从现实的角度来说，爱德华三世登基或许比按照正当程序来得要早一些，但这种方式至少给了英格兰一位值得尊敬的君王，他取代的是一个令人憎恶的变节者。亨利四世的情况则截然不同，其后果严重得多：亨利是一个篡位者，他根本没有资格获得王位。他闯进王位继承者序列，点燃了蔷薇战争的导火索——约克家族和兰开斯特家族展开了野蛮争夺。这场长达三十年的浩劫消灭了绝大部分王室成员，几乎扫荡了整个贵族阶级。1454年，在战争爆发前最后一次召开议会时，共有五十三位成年贵族出席。三十年后，当最后的胜利者亨利·都铎——国王亨利七世——召集其第一次议会时，当年的贵族中只剩下十八位贵族与会，其余到会者都是些失去父亲的年轻男孩。

尽管这是一大悲剧，却给予亨利七世一个独特的机会，他得以按照自己的设想重新构建英格兰贵族阶层。在亨利统治时期新受封的贵族皆因国王个人而获得其地位，因此，这至少在理论上使得亨利国王拥有的权力比英格兰历史上其任何一位前任国王都要强大。

亨利七世并非一位非常惹人喜爱的国王，其欲望之贪婪和司法之残酷让人难以忍受。尽管如此，他满足了历经毁灭性内战之后的英格

---

① 1 Samuel：16, 24, 26 and 2 Samuel 1, 19.

兰最迫切的需要：外部和平、国内的法制和秩序、商贸繁荣、还有王室特权的利用——这表明国王拥有绝对控制权，其统治不可能被其对手推翻。对于一个经历了巨大动乱和长时期流血冲突的国家来说，这是一种福祉。因此毫不奇怪，曾经那么喧嚣的议会在亨利统治之下相对安静得多了。

然而，议会却拥有一个非常积极主动的未来。1509

亨利八世国王，正如图片显示的，他不是传说中快活的"直率的国王哈尔"，而是可怕的暴君。（布里奇曼美术图书馆）

年，亨利八世继承其父亲的王位后，议会有了一项不寻常的新使命。十八岁的亨利成为国王之日，正是君主政体逐渐赢得全新的显赫荣耀之时。武士国王的时代已经基本过去，文艺复兴国王的时代已经到来。此时的君王应多才多艺，而亨利八世在这个方面绰绰有余。他是一位天才的音乐家和舞蹈家，他的智力足可以与当时最伟大的头脑相媲美。他和他的发妻阿拉贡的凯瑟琳所执掌的宫廷，以建筑宏伟、艺术品位高雅和娱乐精致而名闻欧洲。

亨利八世似乎是一位拥有一切美好事物的君王，但在一件最为重要的事情上却有所欠缺：他缺少一位能够继承其王位的男性继承人。亨利八世所采取的解决方式可以说激烈无比。为了与阿拉贡的凯瑟琳离婚并与她年轻的侍女安妮·博林结婚来获得他渴求的儿子，亨利八世利用当时正在令欧洲分裂的新教运动，使英格兰脱离了教皇管辖。而要实现这一根本性变化，满足不断扩大的立法需求就成为议会的责任,这使议会在国家事务中担当了比过去更为重大的角色。尽管与罗马决裂这一事实本身完全只是为了亨利八世国王的方便,但这丝毫不影响该事件为议会提供的巨大机会,它让议会从此不再仅仅是给国王提建议或者只是为国王想要的法律加盖橡皮图章的工具,议会已经成为一个真正的权力机构,能够为自身的利益而呼喊。到1603年,随着亨利八世的女儿伊丽莎白一世的逝世和斯图亚特王朝的第一任国王苏格兰王詹姆士六世暨英格兰王詹姆士一世的登基,都铎王朝宣告结束;而此时,议会的声音已经变得清晰而响亮。

伊丽莎白一世可能是都铎王朝最睿智的君王,但她所面临的形势也最为严峻。无论其个人还是作为一位统治者,欧洲许多王室都将她视为私生子:其父亨利八世与阿拉贡的凯瑟琳之离婚并不被罗马天主教会所承认,因此亨利八世与伊丽莎白的母亲安妮·博林的婚姻也被视为非法。对欧洲王室来说,作为一个私生子,伊丽莎白是没有权利成为英格兰女王的;"真正"的英格兰君主应该是玛丽——苏格兰女王、国王亨利七世长女的嫡裔。

伊丽莎白的御座一直岌岌可危。1570年,教皇庇护五世下令将她逐出教会,形势尤其严峻。在其《王位废黜令》中,教皇声称,伊丽莎白"这位英格兰的伪女王、邪恶之奴仆……[已经]招致了被逐出教会的判决,[她将]被断绝与教会的一切关系。而且,我们宣布:她已经被剥夺了她对前述王国所拥有的伪名号"。

在信仰新教的英格兰被逐出天主教教会这件事本身并没有什么大不了,但其隐含的意义却非常可怕。伊丽莎白统治下的天主教臣民现在没有了忠于女王的义务,任何想要推翻她的天主教势力都可以攻击她。这并非仅仅是理论上的可能性:当时经济实力和影响力都远胜于英格兰,也是当时世界军事实力最强的两大国家——西班牙和法国,确实都处心积虑地想要入侵英格兰,除掉伊丽莎白并代之以苏格兰女王玛丽。那些暗杀玛丽并最终导致她于1587年死亡的阴谋确实非常阴险,但它们对伊丽莎白也同样是致命的危险,因为大部分阴谋都是受到伊丽莎白最主要的对手、西班牙的腓力二世支持的。

严峻的形势迫使这位都铎女王铤而走险,为隐瞒危险的真相,她制造了英格兰君主之中最伟大的障眼法。最终,伊丽莎白实际上是创造出了一个直接诉诸英格兰人爱国情绪的辉煌公共形象。她对议会说:"我们这些君主,仿佛处于世界瞩目的舞台之上。"

伊丽莎白为自己确立的舞台位置全面展示了这位都铎女王对宣传、形象确立、个人崇拜等技巧的熟练掌握。这些手段非常有效,时至今日,她的统治仍被普遍认为是成就辉煌的时代,在这一时期,英格兰的荣光给整个世界留下了不可磨灭的印象。那原本隐藏在后的孤注一掷的赌博行径,以及都铎王朝末期英格兰的羸弱与贫穷都隐而不见了。

伊丽莎白最期望的就是让人看见自己;而在一个通讯不发达、现代大众媒体尚未出现的时代,唯一可行的办法就是王室"巡游"。伊丽莎白的巡游就像是一个旅行的剧院。在她统治的前二十年里,每年夏天她都要在壮观的游行队伍中穿过英格兰的主要乡镇与城市。游行的中心就是女王本人——一个几乎淹没在珠玉珍宝、锦缎华服和各类饰物中的耀眼的目标,一眼望去,与其说是人

女王伊丽莎白一世,最后一位都铎君主,图中她身着加冕王袍、手持权球和权杖。(布里奇曼美术图书馆)

类一员，不如说是一个活生生的偶像。

伊丽莎白的臣民们为女王的荣光而倾倒、敬畏，在此之前，从未有一个君王在公共场合如此频繁现身，却仍保持甚至夸大了王室的神秘色彩。她那既魅力迷人又孤傲冷僻的形象被诗人、剧作家、画家、水上庆典和宫廷化装舞会的创作家、宣传家和民谣创作者们广泛传颂。所有这一切都将伊丽莎白浓缩成为"格罗瑞安娜"，即埃德蒙·斯宾塞浪漫史诗中的"仙后"——她的魔力能打动周围的一切。

在这神秘的面纱背后，伊丽莎白还操纵着一个尽管危险却非常精明的外交游戏，她同时给予法国和西班牙所盼望的与英格兰结盟的希望，却永远不与任何一方达成最终协定。此外，伊丽莎白还秘密鼓励粗鲁的海盗——弗朗西斯·德雷克、约翰·霍金斯、马丁·弗罗比歇——去劫掠西班牙警惕保护下的美洲殖民地，同时又确保无人能证实自己涉及其中。伊丽莎白将那些追求者玩弄于股掌之中，她从不应允，也绝不拒绝，而是让他们有足够的希望并不断地考验他们，使他们保持兴趣。最有毅力的追求者是阿朗松公爵弗朗索瓦，他追求伊丽莎白整整二十年；在女王四十多岁时，公爵还期待着能够娶她。当然，伊丽莎白终身未嫁。利用上述各种手段，伊丽莎白统治的前三十年仿佛一场豪赌，英格兰和它的女王在这场豪赌中得以存活并最终在一个敌意甚浓的欧洲赢得了一点点安全。直到1588年这一赌局才达到高潮；那一年，小不点英格兰（当时欧洲普遍的观点）击败了西班牙的骄傲——无敌舰队。

与伊丽莎白刀刃上的生存相比，其斯图亚特家族的继承者、苏格兰的詹姆士六世——苏格兰玛丽女王的儿子——于1603年继承英格兰王位时，怀着一种极为自信的心态而来。他说，一个经验丰富的君主根本不需要英格兰议会的任何教训。但詹姆士错得太离谱了。他需要学习的太多了——关于英格兰、英格兰人及其议会，尤其是他作为国王的地位和权力。1610年，詹姆士在对议会的一次演讲中所表达出来的观点让其臣民感到极不舒服：

> 君主制国家是世界上最高级的事物。因为国王不仅仅是上帝在尘世间的代理人……而且就连上帝本人也称他们为神……国王被称为神是恰如其分的，因为他们行使着或者代表着世间的神圣权力……上帝拥有力量按照自己的喜好去创造或者毁灭，作为或者不作为，生杀予夺尽在其手，他能够审判一切却不用向任何人负责……国王也拥有相似的权力：他们可以接受或者拒绝臣民，他们有权决定臣民的生死，能以任何理由审判任何臣民，除上帝之外，他们不用向任何人负责……争论上帝可以做什么的行为是对他的亵渎……因此臣民争论国王在其权力范围内可以做什么的行径就是叛乱。

这些话对议会来说有如恶兆，因为议会没有任何打算要让出些许他们通过上百年抗争才艰难赢得的那些权利。然而，此时此刻，捍卫这些权利的卫士已不再是贵族。到17世纪早期，议会中的权力平衡已经从上院转移到了下院，后者还包含了一个新增的阶层，他们不仅不欢迎詹姆士的态度而且认为自己深受威胁。这些清教徒因其苦行主义的宗教观而得名，他们在议会和整个国家当中的人数并不多，但他们声音响亮，意志坚定，对所见到的英格兰教会的"主教制度"、物质主义、贪婪和专制秉持尖锐的批评态度。

在17世纪发轫之初，英格兰大概有三百五十个清教徒牧师和十万名普通信徒，[1]他们的目标是重建尘世上的天国，让圣经中记载的上帝

---

[1] Black，第457页注1。

的律法充当唯一的指引。在理想的清教徒世界里没有等级、没有主教也没有国王,因为任何形式的个人或群体对其他人的控制都属于专制。这是革命性的思想。在 17 世纪,清教徒的这种关于个人自由和良心自由的理念几乎不被允许,他们经常在当地被视为异教徒并遭受惩罚。

剑桥大学神学教授托马斯·卡特赖特是伊丽莎白一世时期清教教义的主要倡导者。下面这段话就是他反对国王之最高权威的论点:

> ……他们(国王)必须铭记自己要臣服于教会;在教会面前,他们必须交出权杖,摘下王冠……他们自己身上显露的,或在他们的宫殿房产和财富中体现出的或华美、或优越、或壮观等等诸如此类之物都不符合教会的简约原则……他们应当情愿放弃这些。

这是叛逆之言,国王实施统治的权力还从来没有受到过这种挑战!卡特赖特不可避免地因自己的言论而受到惩罚。1571 年,他被免去教授职务并被剑桥大学开除。卡特赖特逃到瑞士避难,这里的加尔文教徒很是欢迎他的到来的,因为他们有着相似的苦修主义信仰。卡特赖特曾几次希望返回国内,但他在国内实在不安全。事实上,自从 1593 年《伊丽莎白法案》成为正式法律之后,所有的清教徒都有受到惩处的危险。卡特赖特于 1603 年去世,[①]就在同一年,詹姆士国王继承了英格兰王位。

詹姆士登基刚刚一个月,十三位声名显赫的清教主义牧师就发动了"千禧年信奉者请愿",要求英王詹姆士一世在英格兰实行教会改革,同时改革主教的地位与职责。詹姆士拒绝进行任何变革,他声称无论是在仪式上还是在实质上,自己都将只允许"一个教义、一套教规和一种

---

① Black,第 194—195 页。

宗教"。用他著名的话来说就是"没有主教就没有国王!"詹姆士还进一步重申他的信仰：君主制和主教制度相互联结、不可拆分。①

詹姆士非但没有应允清教徒的要求，他甚至还有意放松了对清教徒最主要的宿敌罗马天主教徒的法律限制。但是，如此之多原本隐藏的天主教徒突然现身，令国王大为惊恐，于是再一次加强了管制。政令反复的后果之一就是1605年著名的黑色火药阴谋，此事正是心怀不满的天主教徒所策划，他们对詹姆士先是给予自由的机会，旋即又对剥夺这一权利的行径极为愤怒。

詹姆士的统治打一开始就命途多舛，随着时间的流逝，情况仍毫无改善。詹姆士对君权神授的信仰从不动摇，这让议会十分不满：他依赖少数亲信大臣和顾问，提高税收，个人左右外交政策，最令人气愤的是，他根本不通过议会就直接统治。但随着詹姆士国王很快年老体弱，他最后并没有因自己的行为而遭到最不幸的后果：1624年，他认可了议会想要的一切权力，包括对外交政策的干预权。尽管如此，麻烦并未结束。詹姆士的继任者其子查理一世仍然信奉君权神授，也未从其父的经历中吸取任何教训。于是，查理统治的早期就是乃父时代的重复：亲信小人、私自征税、不经议会而统治。但他与其父有一个关键性的不同：詹姆士一世激怒了议会并遭到后者的强烈反对，但议会还是一直将其作为国王而表示忠诚。到查理一世登上王位的时候，整个国家的气氛已经改变。清教徒已在下院拥有了较大的影响力，由于他们不喜欢国王，因此他们从未打算容忍查理的专制行为。

然而这一次，国王没有在最后关头屈服，双方态度强硬，敌意加深，而这必然导致一个无可选择的灾难性后果：内战。这场两败俱伤的内部冲突始于1642年，至1648年末查理国王被俘结束，实际上这

---

① Davies，第70页。

位于伦敦的英国议会大厦,这里见证了发生在国王与议会之间的、英国最伟大的权力斗争。(布里奇曼美术图书馆)

查理一世国王赢得了马斯顿荒原战役(图中所示),却输掉了英格兰内战。(布里奇曼美术图书馆)

是一场对统治权的争夺：一方是以国王为代表的具有排他性的绝对权力，另一方则是议会的代议权。后者赢得了胜利，并于1649年1月在伦敦威斯敏斯特宫①对国王进行审判。国王仍然无法超越君权神授观，他拒绝承认这一审判法庭的合法性。

在1649年1月20日的审判中，查理一世被控诉为"暴君、卖国贼、杀人犯和人民公敌"，他还被指控为"包藏祸心地企图颠覆人民的权利与自由、树立并执掌专横任性、不受限制的专制权力"。此外，他还"对本届议会及其所代表的人民发动了叛逆和邪恶的战争，这场战争唯一的目标就是维护其个人意志和权力，以及谎称其个人及其家族拥有特权，可以违背公共利益和普遍权益，及这个国家全体人民所应该享有的自由、正义和和平"。

查理一世拒绝答复这些指控或为自己辩护。他这样对法庭说道：

> 我很想知道是什么权力将我传召到此处……我想知道是什么样的权威，我是指合法的权威……记住，我是你们的国王，你们法定的国王！你们头脑中的念头是多么的罪恶啊，上帝会审判这个国家的！好好想想吧，我说，在你们从一个罪恶滑向另一个更大的罪恶之前，好好想想吧！……我拥有上帝对我的委任，这是出自古老的合法血缘，我绝不会背叛我的出身，绝不回答一个非法的新权威的提问！相对于这里担任我的所谓的审判者的人来说，我才真正地更能代表我的子民们的自由……领我去见合法的权威吧，那受过上帝金言、圣经钦定的权威，或者由这个王国的宪法授权的权威，只有那样，我才会回答问题。
>
> 你们所做的可并非小事。我是宣誓过要维护和平的，那是我

---

① 当时的议会大厦。——译注

查理一世,唯一一位被公开执行死刑的英格兰国王,刑期是1649年1月一个寒冷刺骨的日子。(布里奇曼美术图书馆)

对上帝、对这个国家所负有的责任,直到生命的最后一息,我也将担当我的这一职责……国王绝不能接受尘世间任何高级权威的审判!

现在剩下的就是要证明国王的罪行并通过判决。毫无疑问,判决的是"将他的头从身上砍下来"的斩刑。总共有一百三十五位法官奉命到威斯敏斯特宫对国王进行审判;但除了六十八位法官外,其余法官全部离席,在最后关头他们不愿卷入对一位国王的宣判当中。留下的六十八位法官中,有九位拒绝签署对王室成员执行死刑的批文;最后,连同奥利弗·克伦威尔在内,总共只有五十九位法官愿意签署判决书。

国王查理一世的刑期定于1649年1月30日,在怀特霍尔宫①的宴

---

① "Whitehall"又译作白厅,如王觉非、左宜所译的《克伦威尔传》,商务印书馆,2002年。——译注

会厅外还特意搭建了一个大型断头台。那天天气寒冷刺骨,国王要求给他穿上两件衣服御寒,他说:"气候太恶劣,寒冷很可能会让我发抖,某些看到的人就会以为我在害怕。我绝不能蒙受这样的污名!"

由于指定的刽子手拒绝执行任务,行刑被迫延迟。又找到一个刽子手和一名副手,但他们坚持蒙上面具以避免让人认出其身份。当查理一世最终被带上断头台时,周围满是旁观的人。他开口向民众说话,立场丝毫没有因所发生的事情而有所改变。"我必须告诉你们,"他说,"[人民的]自由和权利有赖于政府及其法律的存在——依靠政府的法律,人们的生命和财产才真正属于他们自己——而不在于参与共享政府,此事与他们无关。臣民与君主是截然不同的两种人。"

刽子手一刀就砍下了查理的脑袋。据一位目击者后来的记载,在这一瞬间,"在场的上千名群众中发出了一阵低吟,这种声音我从未听过,希望我以后再也不要听到了。"即便在这样的场合,君主的魔力仍然如此之大,许多看客甚至上前用手帕去蘸查理一世的鲜血,他们认为这血可以愈合伤口、治疗疾病。

奥利弗·克伦威尔,护国公,英格兰共和国政府的领袖,在查理国王被处死之后上台。(布里奇曼美术图书馆)

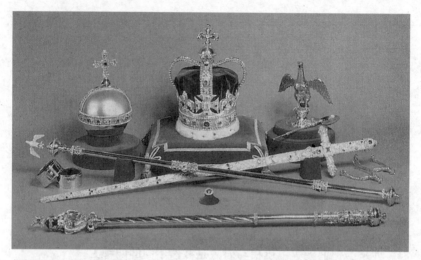

英格兰加冕礼上的王权标志物件。共和党人上台后将这些物品全部拍卖。查理二世上台时又重新制作了一套。(英国历史皇宫)

同一天，议会匆忙通过了一个禁止拥立新王的法案，这是为了阻止查理一世的儿子、未来的国王查理二世获得王位。八天以后，英格兰废除了君主制，在其历史上第一次也是唯一一次，英格兰成为一个共和国。

将君主制扫入故纸堆并非易事。尽管清教徒在英格兰取得了政权，但无论是其关于基督教的严格信条，还是视国王为暴君的观点，都始终得不到足够多的追随者或支持者。清教徒们很快就意识到，在公众的想象中，王权始终占有一席之地，这是任何议会法案或理论论证都无法消除的。1653年，奥利弗·克伦威尔自立为护国公，尽管权倾一时，但他丝毫不具备一位君王的魔力。1657年，部分议员想为克伦威尔黄袍加身，但这一想法太不现实，因为如果除掉一个国王而代之以另一个国王，就会让这届清教徒议会曾经付出的一切努力都付诸东流。然而令人讽刺的是，奥利弗·克伦威尔事实上比英格兰历史上任何一位独裁的君主都要专制。1658年他的逝世清楚地表明，英国共和制的延续依赖于克伦威尔的存在，而且必须是他本人。一旦克伦威尔去世，其能力不济的儿子理查德继任后，英国政治也再次陷入混乱。

此时此刻，唯一可能的解决之道就是召回流亡中的国王——真正的国王查理。只有拥立一位国王、披着传统神秘色彩的国王，英格兰才有可能恢复某种秩序。乔治·蒙克上校于1660年策划了国王复辟，他的决策深得人心。5月29日，查理二世在三十岁生日那天进入伦敦市，整个伦敦城陷入一片狂欢，民心向背体现得淋漓尽致。作家约翰·伊夫林在日记中这样描述当时的情景：

> 在庆典中，两万多名骑兵和步兵喜不自胜地挥舞着利剑大声高呼。道路两旁撒满鲜花，钟声齐鸣，街头彩旗飘扬，喷泉里美酒流淌。市长奥德曼及所有随从官员都身着礼服，挂着金链，身披绶带；贵族们身披金银丝线和天鹅绒织就的锦服；女士们都拥挤到窗前和阳台上观望。到处都有喇叭高奏、音乐飞扬，满眼都是无以计数的人群……整个游行活动进行了整整七个小时，从下午两点一直到晚上九点。

那天晚上，泰晤士河边还有焰火和彩灯表演。停泊在河上的大小游艇都挤满了围观的人群。人流如此之多，伊夫林写道，"你可以直接走过那条河"。

然而，查理二世从十二年的欧洲流亡生涯中归来，为了实现他"绝不再流亡"的最大追求，他带回的除了如日中天的个人声望，还有其他东西。事实很快证明，查理国王愿意做任何事情来保住自己的王位。仅仅在1670年和1678年，查理二世就两次接受法国国王路易十四的秘密赠款，这是为了他自己的非法目的——国王想摆脱议会束缚，不再向议会要钱。到1681年，查理二世终于能够自给自足，于是他解散了议会。一直到1685年去世，他都没有再召集议会。

第七章 君主政体在英格兰

一些议会成员怀疑查理二世和法国签有秘密条约，然而他们并没有试图调查国王。国王连续几年拒绝召开议会的做法本来很可能引发骚乱，但人们深恐爆发第二次内战，对被处死的老国王也心存怜悯，查理二世因而侥幸逃过了这一危机。

法国的钱款并非查理二世隐瞒议会的唯一事情：他同样持有斯图亚特家族有关君权神授观念的虔诚信仰；尽管他非常聪明，从不对此公开表态，但这一思想还是相当明显地体现在他的一些行为当中。

查理二世治下最大的问题关乎其推定的王位继承人——查理的弟弟、约克郡公爵詹姆士。1671年，詹姆士皈依罗马天主教，由此成为争议人物。这是王权最危险的时刻，因为在新教盛行的英格兰，天主教徒素来备受诅咒，而就在1673年，议会通过一项《宣誓法》，该法案要求任何担任国家公职之人必须宣誓接受英国国教教义。法案实际上禁止了天主教徒和其他一切非英国国教徒担任重要职位。但詹姆士拒绝接受国教圣礼，他毅然辞去了海军大臣之职。然而，他最终的职位——英格兰国王——却并非普通公职。为了强调他将继承王位的未来现实，詹姆士明确宣称，作为一位国王，他将努力在英格兰恢复天主教的地位，并将国家带回教皇的管辖之下。

这引发了一场阻止詹姆士继承英国王位的无情斗争——史称"废黜危机"。斗争持续了两年，一直到1681年才告平静；在这两年里，詹姆士的敌人辉格党采取的每一次行动都被查理二世国王所阻拦，后者利用自己的王室特权终止了每一次议会辩论。最终，查理二世于1681年3月在牛津召集了一次议会，在这里他用实际行动证明了谁才是这个国家的主宰。踌躇满志的辉格党人来到牛津，却见到国王身着象征君权的全副盛装，端坐在御座之上。这一场面十分壮观，但同时也令人不安，这是一次皇威赫赫的展示，令辉格党人不能不警觉。

詹姆士仍然是其兄弟之王位继承人，虽然查理二世私下认为，詹姆士的王位将坐不满三年。查理的计算非常精准。1685年詹姆士二世登上王位后，他遵照诺言，利用其国王的特权在英格兰恢复了天主教。国教信徒对天主教徒担任国家高级和重要职务非常不满，牛津和剑桥这些被迫接收天主教学生的大学也发生了骚乱。1687年议会也终于被激怒了，因为詹姆士二世颁布了一道特赦令，暂停执行一切刑法，他甚至宣称自己有权废除一切未经其同意的法律。

尽管如此，詹姆士二世还是拥有与其已故兄长相同的安全屏障：没有人期望第二次内战，也没有人胆敢再处死一个国王。在这种状态下，人们唯一的慰藉寄托于玛丽和安妮公主身上，她们是詹姆士国王第一次婚姻留下的两个信奉新教的女儿。两位公主都嫁给了新教徒王子，玛丽嫁给了奥兰治的威廉王子，安妮则成为丹麦乔治王子的王妃。总有一天，至少一位公主将成为女王，由她们适当的夫君辅佐，到那时，天主教的威胁将不复存在。

然而突然之间，这个关系斯图亚特王朝新教未来的漂亮计划出现了偏差。1688年6月10日，令包括这对夫妻在内的所有人都备感惊诧的是，詹姆士国王的第二任妻子、天主教徒摩德纳的玛丽竟然又生下了一个儿子——即詹姆士·爱德华·斯图亚特。这是国王夫妇结婚十五年来的第一个孩子，事情若照此发展下去，英格兰将永远由天主教国王统治。现在，唯一的出路就是让詹姆士国王、他的天主教妻子以及天主教儿子都离开英国。七位声名卓著之士——其中包括一位前伦敦区主教——决定孤注一掷，他们的举动近乎叛国：他们秘密写信给奥兰治的威廉，请求他拯救英格兰脱离天主教的苦海。于是，著名的欧洲"新教救星"威廉在1688年11月5日从荷兰登陆英格兰。

来自女婿的威胁令詹姆士国王非常恐慌，他开始担忧自己可能重蹈父亲的覆辙。1688年12月11日，詹姆士化装成一名妇女，试图潜逃到法国，但不幸被一伙渔夫认出并被带回了王宫。不过人们一直鼓励詹姆士逃跑,他也最终在圣诞节逃到了法国。摩德纳的玛丽和他们尚在襁褓中的儿子也很快追随他过上了流亡的日子。

这场"光荣革命"未经任何战争或流血,但这次王室继承权突如其来的成功变动也带来了自己的问题。1689年2月,议会成员召开大会决定王位继承权问题。议员们很快就遇到了不可逾越的障碍:奥兰治的威廉根本无意在挽救了英国之后功成身退,让妻子玛丽独揽王权。作为查理一世国王的外孙、玛丽公主的大表哥,威廉自己也有继承英国王位的机会。但对威廉来说,更为重要的是他与其死敌——天主教徒、法王路易十四进行斗争的地位。威廉毕生都致力于战胜强大而侵略成性的路易,后者对弱小的荷兰是严重威胁。为了完成这一使命,威廉相信,自己必须拥有与对手相匹敌的地位。因此,拯救英格

威廉三世和玛丽二世,唯一一对以联合执政形式继承英格兰王位的夫妇,1689年登基。(布里奇曼美术图书馆)

兰新教信仰的邀请对威廉来说就是天赐良机，这让威廉有机会让英国人接受他们无法拒绝的条件：要么立他为王，要么他就带着军队返回荷兰让英国陷入混乱。

面对得到威廉国王与彻底失去威廉这一抉择，议会不得不让步。他们拥立威廉和玛丽联合执政，威廉为国王称威廉三世，玛丽为女王称玛丽二世，二人是唯一一对登上英格兰王位的夫妻。议会则仍然保留了最后的发言权，他们必须保护自身、保护他们的自由、保护英格兰。

他们很清楚，英格兰即将卷入威廉对法王路易的战争之中，这就意味着税收、人力物力等都将为了一个外国人的需求而动员起来。而英国人始终痛恨受外国人统治、为外国而战、或听命于外国人的指挥。除此之外，威廉和玛丽都是斯图亚特家族的后裔，谁也无法保证，一旦他们拥有了全部王权，他们是否会退回去遵奉君权神授观——那可是他们家族的传统。

牵制王权的安全保障——权利法案——于1689年出台。这是英国君主制历史上伟大的转折点，它使得议会最终战胜了无限制的王权。"君主立宪制"，这一术语是一种委婉的说法，它被杜撰出来用以掩盖政治上的激进变革。这种全新而独特的君主制度更像是一种阉割术，它剥夺了国王一些最为重要的权力，使其处于议会的监护之下。

君王从此失去了古老的权利和特权：包括发动战争的权利、建立和维持常备军的权利、征税权，还包括利用王室特权阻止立法的能力，以及早期斯图亚特家族所拥有的吩咐下院何事可以讨论、何事不能讨论的权力。历史聚焦在新王和新后加冕这一历史性的时刻。加冕典礼于1689年4月11日在威斯敏斯特教堂举行，有史以来第一次，在加冕誓词中国王承诺遵守议会制定的法律，包括遵守权利法案。在英格兰，专制君主统治的历史就此终结；在这里，神授君权最终消亡。

第八章
君主立宪制

在整个19世纪以及20世纪初期,欧洲的王位大部分都被独裁者所垄断,英国的君主制被看做是世界上最古老和最有威望的政府形式的可怜遗迹。按照这一观点,英国的君主其实就是傀儡。尽管他们拥有诸多显赫的头衔——如武装力量的总指挥、英格兰国教会的最高统治者、印度及大英帝国所辖其他国家的皇帝,等等。然而,他们实际上在所有这些职位上都没有任何真正的力量来有所作为或是自主决策。他们已经被剥夺了王室的特权,这些特权现在全部由议会来行使,国王连自身的开支都需要依赖议会来支付。在政治上,英国国王的风头已被首相及其内阁抢走;与此同时,议会能够行使自己的意志,按照法律,议会可以推翻国王的意见。

当然,上述观点充满偏见,是那些被迫放弃享受绝对权力、神授君权和近乎崇拜的尊崇等特权之后的君王们的看法。但君主立宪制确实对国王施加了不少限制。1901年登基的英王爱德华七世很快就受到了严厉教训。爱德华急于做一位有所作为的君王,他热衷于政府事务和议会运作。但议会决不给他任何机会,礼貌而斩钉截铁地告知国王,不要插手自己权限之外的事务。从政治角度来看,国王参与政治的企图会被看做是对不列颠真正的统治者——议会成员及其选民——之权利的不适当干预。

皇帝、国王甚至大公，这些依据君权神授观将自己的意志强加于其王国的统治者们，对英格兰的统治方式深感震惊：英格兰国王可以被其臣民教导何事能做而何事不能做。对他们来说，英国君主立宪制乃是一种儿戏。他们没有意识到，这种看似打了折扣的君主制非但没有贬低，实际上还保护了君王的地位：它使君王置身于令人窘迫的争端之外，远离最易产生摩擦的诸多事端——如政敌、派系斗争、征税、战争以及由战争引起的苦难与匮乏，等等。

与英格兰的国王不同，对其他国家的独裁者们来说，其个体已与王国之命运紧密相连，因而要直接面对上述诸多事端。1918年第一次世界大战结束后，欧洲的三位绝对君主也因此受到了惨痛的教训：德意志皇帝威廉二世、奥地利哈布斯堡皇帝卡尔一世以及俄国沙皇尼古拉二世都被民众起义所推翻。卡尔皇帝是为组成其帝国的四个民族——奥地利、匈牙利、捷克斯洛伐克和南斯拉夫——的独立运动所累；德国皇帝和俄国沙皇则未能及时警觉社会的不稳定状况，更未对试图利用这种不稳定的激进分子的活动做出适当反应。他们都卷入了那场战争，这使得他们个人被视为臣民所受苦难之罪魁祸首：德皇被指控采取军国主义政策，俄皇则由于其军事指挥权而获咎，事实上后者既无专业素养又无天资。连同这场世界大战的第四位失败者奥斯曼土耳其帝国苏丹阿卜杜勒·哈米德二世在内，威廉皇帝和奥地利皇帝都失去了王位并遭受放逐，尼古拉沙皇被谋杀。结果，德国、奥地利、俄罗斯和土耳其都变成了共和国。

与此同时，不列颠的君主制不仅被完好无损地保留下来，甚至还声望日高。当然，这并不意味着英国没有共和主义者和其他政治煽动家或潜在的革命分子。在1921年的一次共产主义者集会上，提到国王的名

沙皇尼古拉二世、妻子亚历山德拉皇后和他们的五个孩子。(布里奇曼美术图书馆)

字时,底下嘘声一片。1922年,国王乔治五世的私人秘书、斯坦福特汉姆勋爵亚瑟·毕格写信给首相安德鲁·伯纳·劳说:

> 国王陛下对今年冬天即将出现的失业问题日益忧心……人们越来越不满,煽动分子也趁机闹事;游行也越来越多,只要警察一干预,立刻就会激发民众反抗。现在连军队都出动了,暴动继续下去将会引发反叛,甚至可能出现革命!①

但无论是斯坦福特汉姆勋爵还是乔治国王都没有意识到的是,君主已经不用再为政权之衰落担负个人责任了:国王已经赢得了个人的声望,通过内战将自身与王室家族与不列颠融为一体,他赢得了苦难

---

① Rose,第224页。

臣民的热爱。例如，国王在自己的王室家庭中实行节俭的生活制度。在王宫里，羊羔肉或肉质鲜嫩的童子鸡之类的奢侈美食已经被禁止食用，取而代之的是普通的家禽肉或羊肉；桌上的餐巾必须重复使用而不再是每餐一换；皇家宴会现在也非常简单。一位皇家图书管理员的妻子约翰·福特斯鸠太太曾记录下这样一份菜谱："咖喱肉汤"，她写道，"比目鱼、虾酱、炸蔬菜、青豆、新鲜土豆、芦笋、瓷碗盛的冻乳蛋糕……"尽管皇室成员并没有挨饿，但与内战前他们曾经享受过的那种富足与奢侈的生活相比，现在可是简朴多了。①

乔治国王自己在整个战争期间穿上军装，不知疲倦地在医院、军需工厂和码头等地巡视；他视察军队四百五十次，还强忍着晕船的痛苦尽责地检阅数十艘驶向港口的皇家海军军舰。乔治五世的皇后玛丽非常关心士兵的福利；他的女儿，皇家公主，当了护士。他的继承人，威尔士亲王爱德华王子，即后来的爱德华八世国王，曾不顾官方的反对，冒险到法国视察战壕战；那是在1915年的贝顿市（Bethune），亲王当时与敌军阵地相隔仅几百码远，并遭到炮火射击，附近还埋伏着狙击手。②乔治国王的次子艾伯特，即后来的乔治六世，在1916年的日德兰半岛海战中服役，后来因患胃溃疡而退役。

尽管国王有所担心，但"一战"之后共和党人的煽动很快就销声匿迹，再也没有一个幸存下来的欧洲王室蔑视英国皇室，或笑话它是傀儡了。君主立宪制不仅导致了国王角色的显著变化，还给它增添了一个关键因素：发展演化的能力。绝对君主主义者和独裁者们忽略了这一点，他们因此付出了惊人的沉重代价。

正是由于这种演化过程，20世纪初期国王爱德华七世或乔治五世

---

① Rose，第176—177页。
② 同上，第11页。

的宪政地位与最早受议会控制的国王、斯图亚特时代的共主威廉和玛丽的地位截然不同。在早期，君主立宪制完全是一个独特的理念，与那时人们有关国王角色与权利的一切看法相矛盾。但一开始，由于国王威廉与议会之间共同协议的平衡作用，君主立宪制得以扎根英格兰。威廉需要借助英国的资源来帮助他阻止法国国王路易十四侵占其母国荷兰。但这些资源只有得到议会的同意才能为威廉所用，而议会则只有在威廉接受君主立宪制的条件之后才能与他合作。议会和国王都得到了各自想要的——一个打败了信奉天主教的国王詹姆士，另一个则从法国手中拯救了荷兰。对于议会来说，眼前还有一件任务需要完成——巩固君主立宪制，确立其传承顺序。

这一任务在1701年基本实现。这一年，议会再一次重新建构了君主制。1694年，玛丽女王患天花而亡，她和威廉国王没有留下任何子嗣，其妹安妮决定推迟登基，让姐夫威廉国王保留王位直至去世。然而，1700年，安妮自己仅存的一个孩子也突然死去，这使得安妮日后法定的斯图亚特家族继承人只剩下信奉天主教的后裔。新教议会决不接受这一结果。于是他们找到了血缘最近的新教徒后裔，汉诺威的女选帝侯年长的索菲亚。事实上，严格地说，索菲亚当时在王位继承人序列中排名第五十二位。不过，索菲亚嫡出詹姆士一世——斯图亚特王朝第一任国王。索菲亚是詹姆士一世的女儿伊丽莎白的直系后裔，正是这一点，使她超过了其他所有信奉天主教的继承权人而有资格排到前列。

1701年《王位继承法》出台，法案确立了索菲亚及其子嗣在安妮死后的王位继承权，继承危机才告结束。由新教徒后裔来继承王位并非该法案唯一的规定，其他条款对国王权力作了进一步的限制。这些约束包括：未来的国王必须是英国国教会成员；未经议会专门请求，现任和未来的英国国王不得剥夺法官职务；当政府大臣受议会弹劾时，国王不得行使特赦权来免除其责任。

1702年威廉国王坠马而亡，安妮女王继位。安妮在位期间，英国政局非常平稳，女王很好地适应了诸多的约束以及急剧减少的王室行动空间。在很多人眼里，安妮女王身材肥胖、头脑简单，被其宠臣马尔伯勒公爵夫人撒拉·丘吉尔玩弄于股掌之中。但历史学家很早就发现，安妮女王并非一位昏君。首先，她深谙有一种权力议会永远无法得到，即长久以来环绕在英国君主头上的几乎是超自然的光环的力量。安妮利用了这种力量，延续了英国一个古老的习俗——"触摸国王的恶魔"（touching for the King's evil）；这里的恶魔是指淋巴结核，这很可能是一种结核病，当时的人们还流行一种源自中世纪的信仰，即相信国王的触摸能够治愈这种病。著名的塞缪尔·约翰逊博士就清楚地记得被女王触摸的情景，这位女士当时头戴黑纱，身上装饰着钻石；尽管女王的抚摸并没有治好约翰逊的病，但他心里却从此深深铭刻下了女王陛下的光彩。①

尽管她也是斯图亚特家的一员，也来自那个骨子里信奉君权神授的充满魅力与活力的王朝家族，但安妮深知自己绝不能过分表现出对神授君权的热情。但是，在教会的任命上，女王坚持自己来做决定；同样，在大臣、外交官的任命或其他官员的选择上，她的个人意见常常能占上风。1708年，安妮对一项议会提案行使了否决权，这样的事此后再也没有发生过。当时，她拒绝批准议会的一项议案，该议案给予苏格兰民兵组织与英格兰民兵组织同样的地位。女王的否决扼杀了该法案。然而，这种权力游戏往往是双向的。就在同一年，由于议会强硬派的坚持，女王被迫承认辉格党的胜利；后者在下院选举中赢得了多数，这有悖于女王的意愿，但她不得不同意辉格党人组阁。

---

① 1 Samuel：16,24 and 2 Samuel：1, 19.

就这样，议会一步步地建构着自己创造的君主立宪制度，逐步巩固自己对国王的控制。比如说，通常女王会主持内阁会议，偶尔她还会参加上议院举行的辩论。但安妮几乎毫无政治头脑，往往充当一个虚位元首，而那些在政治上更为敏锐的头脑则主宰了内阁事务。议会有权控制王宫生活费——内务预算[①]——的拨款，这进一步强化了议会对君主的控制。这种拨款方式使得君主成为这个国家的一个受薪者，[②]同时也促使英国的贵族阶级无论在财富、社会地位还是权力方面都提升到空前的高度。

结果，整个贵族阶级变得非常自信，这种自信心鲜明地体现在他们富可敌国的财富之上。纽卡斯尔公爵在英国的十三个郡共拥有上万亩土地，每年仅全部租金收入就高达四万英镑。贝德福德的公爵们之富裕，都拥有三至四座宫殿。而巴克洛的公爵们则可以炫耀自己的八所乡村别墅外加在伦敦的两处庄园。在当时，建一栋豪华庄园就需要耗费高达六位数的金钱。随着时间流逝，对乡村别墅的热衷也极尽奢华之能事，从雕金的枝形吊灯到金银凿锁，从镀银浮雕装饰画到家具上的洛可可式[③]的涡卷和镶嵌花线，宫殿和庄园的每一个细节都精雕细琢。

英国贵族生活之奢华与随意挥霍，反映出他们的特权已经远远超过了其祖先。如今，贵族们自视为国王的拥立者，对这一创造出来的王权的控制也得到了法律支持，还有一个充满贵族阶级的议院来表达他们的意志。在1701年以及《王位继承法》那样的环境背景下，议会充满成就感，以为他们获得了主导权，其地位再也不会被国王超越。

[①] the Civil List, 专指拨给国王和王室使用的专款, 故此翻译为内务预算。——译注
[②] Black, 第457页注释1。
[③] 18世纪20年代起源于法国宫廷的一种装饰风格, 其特点是色彩明快, 装饰纤巧, 家具精致而偏于繁琐。——译注

但在1714年,议会将动员自己新获得的一切力量,因为,它遇到了新的汉诺威王朝,这个家族不仅拥有自己的王国——其选帝侯领地,而且一直是依照独裁专制式的君权神授观来统治的。

安妮王后和女选帝侯来自汉诺威的索菲亚均于1714年逝世,同年9月18日,英国新君主、索菲亚的儿子国王乔治一世来到不列颠。① 理所当然地,乔治早已习惯了汉诺威的君权神授制所赋予他的极大自由权。在那里,他的话就是法律,他个人也被神化而备受尊崇。在他远赴英国的时候,他的画像还被置于海伦荷莎宫的王座上,代替其本人成为臣子膜拜的对象。乔治国王不习惯于受到批评或抗拒,他像随和的家长一样统治着汉诺威。因此,碰上争吵不休的英国议会,尤其该议会在汉诺威家族到来之前就已夺取了王室的权力,对乔治国王来说,这确实是一种很大的冲击。同样与汉诺威的情况大相径庭的是,英国的民众可以自由表达观点,而且惯于通过大声抗议甚至叛乱来表达自己的不满。

对绝对权力的统治者来说,要适应君主立宪制下的新角色就好比要将方形木桩打进圆形洞里。而对一种直至乔治一世登基时才确立了四分之一个世纪的制度来说,这同样是一次非常大的挑战,也是一场严峻的考验。然而,议会并未遭到潜在暴君的迎头痛击,尽管双方在开始阶段曾有所争执,但汉诺威家族并没有严肃地企图颠覆英国人确立的这种他们很不熟悉的君主制形式。而英国人也没有真的打算将他们赶回到汉诺威去,即便是在1715年和1745年的詹姆士二世党人——一群试图恢复斯图亚特家族王位的信徒——叛乱时期,议会也没有抓住这两次机会。这一次,议会并不倾向于在他们眼里如同魔鬼的斯图亚特家族,因为斯图亚特家族统治的世纪曾经有那么多的宗教和政治

---

① Hatton,第105—109页。

冲突，而人民的自由实在少得可怜。

英国人和他们的外来君主由此形成了一种奇怪的结合，双方的相处也颇多磨难。乔治一世和乔治二世国王都不受民众所喜爱，主要原因是他们公开表示不喜欢英国和英国人，讨厌君主立宪制度，两位国王在竭尽全力地抵制加在身上的束缚。威廉三世和安妮女王时代通过的立法让他们几乎处处受限。他们无权册封贵族爵位，任命公共官员，也不能将土地赐予外国人甚至那些已经加入英国国籍的外国人士。尽管他们有权创设新的内阁职位，但那些由国王任命的人在众议院里根本无法为国王而呼吁。国王可以任命法官却无权罢免这些人，因而他丝毫不能左右司法判决。

一切事实都在强调：如果没有议会，汉诺威家族根本不可能继承英国王位。他们仅仅是议会的附庸，需要靠议会赐予的年金维持生活，因而很难获得像斯图亚特和都铎家族那样巨大的吸引力。由于在英国当国王令人充满挫败感，前两位乔治国王常常逃回汉诺威去也就不足为奇了，汉诺威的政治气氛更为温和，能够慰藉他们那独裁者的灵魂。①

乔治一世国王在其十三年的英王生涯中曾经七次离开王位回到汉诺威，每次平均大约有六个月之久，这意味着在他全部的统治任期里，大概有四分之一的时间不在自己的王国内。1727 年乔治一世去世之时，他正又一次行进在返回其选帝侯领地的途中。

在乔治二世长达三十三年的统治期里，他前后返回汉诺威十一次，也是平均每次待六个月之久。他毫不掩饰自己对英国、英国人及其议会、政府和一切相关事物的厌恶。他曾经大发雷霆说，"我真希望魔鬼来做你们的首相，由魔鬼来掌管你们的议会，掌管你们整个国家，只要我能离开这里回到我的汉诺威去。"

---

① Williams，第 14—15 页。

即使国家出现紧急情况也常常难以促使乔治二世国王返回英格兰。1755年，乔治二世任汉诺威选帝侯时，正是英法七年战争临近之时，巨大的压力敦促他返回英国。但乔治国王并没有轻易妥协回去。"英国已经有足够多的国王了，"他说，他是指议员们。"我在那里什么也不是。我老了"——当时他已七十三岁——"想休息了，不想回去受那该死的众议院的折磨和戏弄！"①

乔治二世还没有忘记他受到的关于君主立宪制度之限制的那次教训，那是他接任英国国王不久的1728年。当时他二十一岁的长子腓特烈王子作为王位继承人到英格兰接受他的新职位。②乔治国王非常痛恨他的这个儿子，他曾经这样评论腓特烈："他是一个恶魔，是这个世上最坏的恶棍……他愚蠢至极、谎话连篇……他是全世界最卑鄙的人，我衷心希望他从这个世上彻底消失！"腓特烈达成了父亲的心愿，他死于1751年，比他父亲还要早九年。然而，在此之前，他们之间的冲突始终十分激烈。比如，乔治国王曾尽全力阻挠腓特烈接受威尔士亲王的头衔，而这一头衔是几个世纪以来英格兰王位继承人与生俱来就享有的权利。当大臣们告诉国王腓特烈拥有一切与这一头衔相关的权利并且不可剥夺时，乔治勃然大怒，但又不得不让步。当1729年国王不得不允准腓特烈就任威尔士亲王时，他公然表示愤慨。作为报复，乔治国王拒绝让腓特烈担任任何政府职务。

腓特烈的权利比其父亲的意志更重要，这一耻辱经历严重地挫伤了国王的自尊心，更坚定了乔治二世的决心，他决意要做一位积极有为的国王，要自己制定政策，自己做出决定。尽管这一计划显得十分专横，却没有违背前两位乔治国王统治时期君主立宪制的基

---

① Williams，第15—16页。
② 指就任威尔士亲王。——译注

本原则。

尽管乔治国王为受到限制愤恨不已，但他其实不乏个人权力和影响力。与其父一样，国王利用军事指挥官这一君王的传统角色，要求王权对军队实行控制。乔治二世还是英国最后一位亲自担任野战指挥的国王，1743年的邓廷根战役更加强化了他的主张。国王们自认为可以发挥积极作用的另一个领域是外交事务，在这方面他们的要求倒有几分合理。乔治一世和乔治二世的确都精于外交，他们比手下的大臣们更熟悉德国的政治发展，而在18世纪的欧洲政坛，德国的地位越来越重要。

在英国，王室权力的一个主要来源是财政。尽管王室的内务预算需要议会首肯，但国王对获得的生活经费有极大的支配权。比如，他可以给自己的亲信颁发赏赐；他可以用钱购买议会议员的投票，借此对选举发挥影响。甚至他还可以以钱做赌注来购买首相和国务秘书们的忠诚，因为这些人需要依赖内务预算来获取部分收入。在某种意义上，这种交易使得他们首先是国王的仆人，然后才是部长大人。

和安妮女王以及乔治一世国王一样，乔治二世也有权任命大臣，因此他坚持让罗伯特·沃波尔男爵在失去议会和民众信任之后仍长期把持权力。直到1742年，沃波尔接受了自己在众议院的一系列失败，连国王也认识到事情该结束了，最终极不情愿地接受了这位大臣的辞职请求。①

在沃波尔被迫辞职前的五年里——此时他任首相已有二十余载——政务非常棘手。1737年，乔治二世王后卡罗琳（Caroline）的去世，使沃波尔失去了他最好的政治盟友。乔治二世国王很难相处，他脾气暴

---

① Williams，第 16—17 页。

躁，极为傲慢而且非常自负地要自作主张，因此沃波尔必须靠诱骗才能让他站在自己这一边。幸运的是，卡罗琳王后魅力十足又非常聪明，她丰满的身躯令乔治国王深深迷恋，她还成功地让丈夫按照自己的意志思考。但乔治国王丝毫不曾想到，卡罗琳的想法其实也是沃波尔的想法，在沃波尔首相进宫面君之前早就与王后私底下讨论过当前的政治问题了。

王后就静静地坐在那里干着刺绣活儿，在全世界人的眼里，她就像一个安分地坐在幕后的"小妇人"，而男人们则在台前安排着世界的一切事务。随着国王与大臣谈话的深入，王后和沃波尔用一系列的手语信号来对正在进行的谈话暗中交流意见。沃波尔有时会装作玩弄他的帽子，有时会抽抽鼻子或者从口袋里取出手帕。卡罗琳则扬一扬扇子，或是穿针眼来做回应。国王从未察觉到这种哑谜游戏，每次国王结束与沃波尔的谈话，他都会得意地相信，两人刚刚所达成的一致意见全都是他自己的主意。①

卡罗琳王后对这种操作的顺利进行至关重要，当她于1738年过世时，沃波尔感到这是"自己所遭受的最大的打击"。离开卡罗琳后上述一切看起来都无法进行，沃波尔因此认真地考虑过辞职。尽管他出于对已故王后以及乔治国王的忠诚而继续留任，但他发现越来越难以像以前那样轻易地操纵国王。例如，1739年，国王就不顾沃波尔的建议对西班牙宣战。

三年后，沃波尔下野。他的遭遇与历史上的皇室宠臣们命运相似。在伊丽莎白一世女王及其斯图亚特家族继承人时代，宫廷中总会出现宠臣的身影。他们往往依赖于由某个恩主的支持和宠幸而获得权力，一旦失宠或该恩主去世，宠臣就会不可避免地垮台。然而，到沃波尔

---

① Williams，第203页。

那个时代,这种仕途所具有的优势却开始让位于另一种策略。亨利·佩勒姆,沃波尔的一位热忱拥护者,于1743年接替他继任首相职务。在当时的君主立宪制下,国王与议会的权力大致平衡,佩勒姆曾描述的策略因此成为可能。佩勒姆相信,如果自己没能获得议会的支持,那么可以依赖国王的支持;相反地,如果国王反对他,那么他就依靠议会撑腰。只有在国王和议会联合起来反对他的时候,佩勒姆才会认为自己完蛋了。①

与佩勒姆同时代的艾格蒙特伯爵一世约翰·帕西瓦尔爵士,则用一种更为直接而非玩世不恭的眼光来看待国王与议会之间的这种关系。伯爵在日记中这样写道:

> 在现如今臣民已更为强势的情况下,我们的宪政不应再留给国王类似从前实行绝对君主制时的权力……国王会说"我不想/想这样做,我有这特权",而议会则会说"陛下,您确实拥有特权,但这件事是对您特权的滥用,如果您坚持这么做,就会让我们两败俱伤;因此,如果您固执己见,我们会让您变得贫困,您将失去给养,您听信了谗言……"②

随着时间的流逝,乔治三世国王继位,作为第一位生于汉诺威长于英格兰的国王,他甩掉了身兼立宪制国王和专政选帝侯双重身份的矛盾包袱。1760年,随着祖父乔治二世的逝世,腓特烈亲王年仅二十二岁的儿子乔治三世登上王位。作为汉诺威家族后裔,这第三位乔治国王确实与众不同。从一开始他就憎恨汉诺威,他称那里为"讨厌的

---

① Williams,第21页。
② 同上,第17页。

领主国"，并且从来没有去过那个地方。与他的两位先王不同，他对包养情妇没有兴趣。他的头脑中充满了贵族的理想主义，他设想着成为正义、荣誉和清廉的化身，他将自己视为民众权利和自由的卫士。年轻的乔治三世曾写道，"英国的骄傲与荣耀、英国宪政的最终目标，就是政治自由。"大概七十多年前君主立宪制的先行者们也不可能想出比这更为完整的原则表述了。尽管如此，乔治三世在其漫长统治任期的初期所得到的却是截然相反的骂名：试图以王权专政、阴谋推翻与前述理念相同的议会原则，从而在英国恢复绝对君主制。

这一骂名来自两个源头。第一拨人就是美洲殖民地居民，这些殖民地于1783年取得独立战争的胜利从而脱离英国，而乔治三世在这一过程中被美洲人描述成一个恶魔。在1620年之后到美洲定居的第一批移民中就有清教徒，他们带去的理念是将君主制视同暴政。这一观点渗透到最终引发独立的那场争论当中，而这场争论的焦点是英国政府的税收权，殖民地人民拒绝缴税，理由是英国议会中没有属于他们的代表。

乔治国王自己的看法是，美洲的革命就是叛国，不仅背叛了国王本人，而且背叛了英国议会，乔治国王感到议会的主权受到了侮辱。这一观念导致国王固执己见地决定要打败叛军。但国王失败了，殖民地赢得独立并建立了合众国。乔治国王因此心神不宁，他认为自己辜负了自身的光荣职责——他甚至开始考虑逊位。

玷污乔治三世名声、歪曲其意图的第二个源头是埃德蒙·伯克，此人是一名辉格党徒，他对国王在美国独立战争中的作用评价虽然与美国人有所不同，但他们同样地态度轻蔑而且歪曲事实。伯克认为，如果不是国王的顽固干涉与无能，这场战争根本就不会发生。这位出生于都柏林的律师，从1766年第一次踏足议会时起就以其煽动争议性事端而闻名，其中之一是释放天主教徒，这一点连国王都非常反对；还有一桩则是政府对美洲的政策，对此伯克一直给予猛烈地抨击。

但伯克的攻击中最猛烈的，还是对君主、君主制和国王乔治三世本人在乔治三世继位后的内阁不稳定时期的批评。1770年，伯克发表了他的《对当前社会不满的原因思考》，在书中他声称自己要披露一个企图颠覆议会和君主立宪制的王室阴谋。

首先，伯克提出了自己关于1688年"光荣革命"的异见，正是这场革命开创了君主立宪制。这次革命并非仅仅是在允许国王在政府中保留有限权力的同时限制王权的一种手段。对伯克来说，君主立宪制是促使国王脱离实际政治、成为名义元首的途径，因而，国王可能做出的任何探身于政治樊篱之内的举动都是对议会权力的侵犯。但乔治三世是一个有主见的人，他拒绝遵循伯克的想法。他有种种理由依据宪法来维护自身的权力，其中包括选择大臣的权利，以及在他认为需要的地方行使王室批准权来否决议会立法。

乔治国王从未使用过否决权，但他确实参与了对政府大臣的选择。然而，他的选择并非完全成功，由于在美国独立战争期间无力处理这一重大冲突，国王的密友兼首相诺斯勋爵弗雷德里克不得不于1782年辞职，一年后英国战败。

埃德蒙·伯克的阴谋论造成的影响比战争失败本身还要大。他指责乔治三世在身边聚集了一群所谓的"国王的朋友"，他们都是议会中的禄蠹，他们聚集在议会中的目的就是为了破坏议会的进程，破坏下院的稳定。伯克认为，有一个秘密内阁专门讨论这种恶毒的策略，并得到国王的协作与纵容。伯克的结论是，英国面临着绝对君主制复辟的直接危险。

伯克的观点影响极大，乔治三世背负王室阴谋论的黑锅足有两百年之久。1932年左右，乔治国王的老师比特伯爵留下的国王私人通信和文章被人们发现，杰出的历史学家刘易斯·纳迈尔男爵据此进行研究后，于20世纪上半叶对18世纪的英国政治做出了重新评价。纳迈尔的结论是，乔治三世并没有僭越自己权限范围的意图，国王采取行动的目的是为了捍卫"英国的关键利益和根本权利"。①

如果说有什么阴谋的话，这阴谋不是来自国王，而是来自伯克的法庭。1765年，在进入议会之前，伯克成为罗金厄姆侯爵二世、后来的财政大臣查尔斯·沃森-温特沃思的私人秘书。罗金厄姆侯爵试图限制王权的庇护作用，他发现激情雄辩的伯克正是合适的代言人。罗金厄姆本人强烈反对美洲战争，他实际上支持殖民地独立。因此，1782年，他成为接替诺斯勋爵腓特烈担任首相的当然人选。这对国王来说是一大灾难，因为他对罗金厄姆及其所代表的一切都深恶痛绝。然而，他只能忍气吞声，让这位叛臣侯爵重掌权力，自己却成为政府的旁观者。乔治国王唯一能做的就是等待，直到时机来临一举端掉这个令人生厌的体制。罗金厄姆对国王的憎恨心知肚明，他很清楚，没有国王的支持，自己的政府会遇到怎样的困难。因此，他通过攻击王室特权来强迫国王支持自己。所有这些攻击行动中最让国王窘迫不堪的就是由埃德蒙·伯克在议会提出的《王室内务预算法案》。这一法案削减了国王的用度，强迫国王节约开支，鼓吹什么乔治三世应该在法案条款的约束下，通过管理他每年九十万英镑的收入来"自食其力"。伯克深信，这些限制会让国王低头。②

可惜这成为辉格党一次关键性的判断失误。乔治三世非但没有向这些想彻底剥夺其权力的辉格党暴发户们投降，他还站出来迎接战斗。他甚至还试图影响一些低等大臣去阻碍伯克的改革计划。这一企图后来被揭发并被阻止，但它让罗金厄姆及其阁僚接受了一次恐惧不

---

① Brooke，第152—153页。
② Watson，第247—248页。

已的教训，他们这才明白，如果被逼无奈，王权会做出什么样的事情来捍卫自身。尽管教训仅此而已，罗金厄姆却在1782年7月1日突然逝世，享年仅五十二岁，他上台只有十四周。

乔治国王的麻烦却远未结束，甚至是有过之而无不及。罗金厄姆死后，接替其职务的将是侯爵的国务秘书威廉·佩蒂，谢尔博恩伯爵二世。谢尔博恩最大的对手查尔斯·詹姆斯·福克斯却另有盘算。为了排挤谢尔博恩，福克斯建议内阁应该选举一位新的首相。这一提议被国王压了下来，福克斯便采取了另一策略。他与另一位老对手诺斯勋爵腓特烈修好，二人于1783年4月4日结盟。这两人又操纵波特兰公爵三世威廉·卡文迪许·本廷克，成为他们这一联盟的名义领导人，1783年，乔治国王不得不接受这一建议。

这段日子对国王来说无疑是黑暗的。不仅这一强加于他的新政府令他心生厌恶，更有昔日好友诺斯勋爵的背叛。更糟糕的是，查尔斯·詹姆斯·福克斯还计划将国王任命大臣之权力转移到内阁，以此来削弱国王的政治权力。福克斯看出，除非国王没有了任命权，遭到国王憎恨的波特兰的大臣职位将永远不能稳定或令人信服。乔治国王彻底绝望了，他作为宪政君王的全部存在理由都将被剥夺。他再一次考虑是否要退位。国王给自己的儿子、威尔士亲王乔治写了封信：

> 当前的形势是，我必须——如果我还想继续当这国王——我必须放弃一切我曾遵循过的政治原则。我觉得这很不公平，因为我一直都在努力按照自己的职责采取行动！我还必须组织这样一个内阁，当中的人都很清楚我不信任他们，因此他们要接受这一职位就会首先将我变成一个奴隶。

尽管如此，国王还是重新思索了自己的立场：当关键的危机来临时，他不能放弃自己的王室职责。于是，乔治三世充分利用了自己残存的权力，他拒绝为那些由讨厌的波特兰大臣提名的候选人颁授贵族头衔，而将宫廷职位授给那些他信得过的人。剩下的事情，国王则一律装傻充愣，他毫无怨言地在大臣们提交给他的任何文件上签字。他在等待着，等着风水轮流转、运气会降临到自己头上的那一天。而这一天并没有让他等候太久。

到了1783年底的时候，查尔斯·詹姆斯·福克斯已是得寸进尺，他提出的"东印度议案"竟然提出由议会而不是国王来负责委任印度的统治专员。更过分的是，国王还无权解除这些专员的职务。国王的机会来了，这些提议已远远超出了对国王的公然侮辱，这份东印度议案让人们看到，辉格党正企图利用印度来维持他们的职位，正试图使福克斯得到委任官员的专断权力。

此时，饱经斗争锤炼、四十五岁的乔治国王已然是一位经验老到、名符其实的政治家。当人们对东印度提案争论不休时，他瞅准机会并迅速抓住。在这唯一一次超越宪政君王权限的行动中，国王宣布：任何赞成福克斯提案的上院议员都将成为国王的敌人！① 对那些顽固的、唯利是图的家伙来说，这绝不仅仅是国王一时冲动下的威胁。国王的敌人将得不到王权的庇护、肥美的官职和赏赐，或任何其他国王有权给予的恩惠。

东印度提案就这样销声匿迹，提出这一提案的政府内阁也寿终正寝。1783年12月的那次议会大选中，由于内讧以及国王的进攻，波特兰的辉格党内阁最终落败。托利党人在下野几十年后接掌了政权，国王替他们选择的首相是二十四岁的小威廉·皮特。查尔斯·詹姆斯·福克斯拒绝承认这一驱逐他权力的大选结果，直到1806年他过世的那

---

① Plumb，第127—130页。

一天,他仍然坚信是国王使用卑鄙的伎俩毁了自己的仕途。

尽管如此,福克斯对英国的政治生活还是做出了重大贡献。他和埃德蒙·伯克以及小皮特一起,为议会的运作引入了一种深深影响了君主立宪制的新因素:这就是名流政治家的上台,他们将很快占领舞台中心,国王则将退到一边去。英国第一份全国性报纸的出版发行也极大地促进了这一进程。通过报纸,议会辩论中的激烈交锋,发言者的性格特点和发表的言论,以及投票的结果都使新闻成为咖啡馆和小饭店中闲坐的人们急于了解和津津乐道的话题。第一次,政治成为了公共财产。

与此同时,王室新闻却更令人烦心。王位继承人威尔士亲王乔治是个十足的流氓恶棍和花花公子,他行为放荡以至于议会不得不两次出面替他保释。更可悲的是,1788年突患卟啉症①的乔治国王却被误诊为神志失常。尽管这一次国王的神志最终清醒了,但他却再也无法彻底康复,当病魔再次袭来时,国王辞世而去。

然而,在此前很久,国王的政治影响力就已经衰退了。国王的两个儿子,王位的第一继承人乔治四世和威廉四世,不仅不能推进其父亲所做的贡献,他们和他们的弟弟们还让君主制变得声名狼藉。这些王子们道德败坏、丑闻不断、骄奢淫逸,简直就是无恶不作。无怪乎王室家庭会被那些讽刺作家、小报作者和漫画家毫不留情地挖苦戏谑。威灵顿公爵亚瑟·韦尔兹利爵士在形容乔治三世的几个儿子时还是留有情面的,他说这些人对"人们能想象到的任何政府来说都无疑是套在脖子上的、该死的磨石"。

事实上,乔治三世这些被称为王室爵爷的儿子们,已然将君主立宪制的遗产挥霍得一干二净。现在,君主已不再是英国政治进程中的

---

① 卟啉症:一种遗传性卟啉代谢的病态紊乱。——译注

维多利亚女王和阿尔伯特亲王及其出生在1840年至1857年间的九位儿女。(玛丽·埃文斯摄影图书馆)

主要推动者了。而自由派改革正不断地积聚力量并超越了王室的反动态度。不论国王们如何反对,改革通过议会颁行的法案继续进行;君王在政治上已沦为不相关者。例如,尽管乔治四世强烈反对,《天主教徒解放令》仍在1829年得以通过。三年后,靠着威廉四世撑腰,托利党人拼命反对"大改革议案"。这个议案拖延了很长时日,起初内阁要求国王为辉格党设立一定数量的贵族位置,以促使议会上院通过这一法案。威廉四世拒绝任命足够的人数,试图阻挠这一提案。但国王和托利党人最终还是输了。辉格党人赢得了胜利,这一大改革议案于1832年变成了法律:它是英国政治史上通往民主政府之路的一个里程碑,近六个世纪以来的首次议会大规模重组。

此时,社会和议会改革成为时代潮流,许多曾经不可逾越的障碍都不复存在。随着奴隶制在1833年的废除以及《工厂法》在1833年、1844年和1847年的几次通过,议会开始对数以百万计、曾饱受苛政折磨的穷人进行救济赔偿。随着大改革法案以及于1867年和1884年陆续通过的后继相关法案的推动，普选权不断发展，最终于1928年全面实现。英国政治权力的基础在不断地扩大，而随着这一基础的扩大，国王也日益失去其重要性。

当最后一位汉诺威君主维多利亚女王于1837年登上王位时，立宪制君主正日益变成超脱于政党和政治之上、有影响力但无实权的国家元首。维多利亚的丈夫阿尔波特亲王，可能将皇室家族成员的角色设定在与慈善事业及与全体臣民日常生活相关的社会工作领域，但那些曾经为君主们所主宰的政治实践领域却是绝对的雷池禁区。这一点维多利亚深有体会。1880年她竭尽全力要阻止自己不喜欢的七十二岁高龄的威廉·爱华特·格莱斯顿出任首相，但最终还是选民说了算。维多利亚的宠臣、一直以来对她吹捧备至的本杰明·迪斯雷利连任失败，格莱斯顿和自由党顺利组阁。维多利亚尽管十分愤恨，但她却不得不承认他们的胜利。女王在宣告中说，"王后陛下，非但不想隐瞒，甚至还非常希望人们知道，她对接受这个半疯半傻、很多时候简直滑稽可笑的老头真的是讨厌至极。"①

就职仪式和宣誓盛典依然隆重，王室仍享有人们的效忠。英格兰民族生活的方方面面仍然带着国王的印记，比如，政府的全称是"国王／女王陛下的政府"，而在法庭审判中要用"Rex"称呼"英王"或用"Regina"②称呼"女王"。尽管有这些称谓，这个国家真正的权力却掌握在议会中的民选代表或法庭上的独立法官手中。无论人们向继承维多利亚女王王位的爱德华七世国王做解释时如何地毕恭毕敬，在全欧洲专制君主们震惊而轻蔑的注视下，英国的君主立宪制当时就是这样的情况，至今依然如此。

---

① Hibbert, 第367—368页。
② "Rex"和"Regina"分别是拉丁文的"国王"和"女王"之意，这些拉丁词的使用显示了贵族含义的遗留。——译注

第九章
君主制的废除

废除君主制是一场粉碎性的巨大变革，其原因不仅仅是由于废除君主制所往往伴随着的暴力冲突——通常而言，暴力不过是催化剂。君主因为革命而下台的真正意义在于，这是一个终结，是不可避免的历史变革历程的最后一步。

废除一国君主制可能是由于内部不满分子推翻王位夺取了政权——这些人往往是军官。1952年的埃及、1958年的伊拉克、1962年的也门、1969年的利比亚和1970年的柬埔寨，都发生了这种军事政变。1973年，阿富汗首相兼陆军中将穆罕默德·达乌德废黜了查希尔国王，建立了共和国。

1975年，老挝国王萨旺·瓦达那被迫退位，之后仍然住于首都万象的皇宫。1977年，当政者开始担心国王会成为民众不满的聚焦点，于是国王同韩博伊王后和沙伊·冯沙望王太子在皇宫中被捕，由直升飞机押解到老挝的第一监狱。1978年，国王和王太子死于狱中，1981年王后也在狱中去世。三人都被草草葬于监狱附近，坟前没有任何标志。国王明显是饿死的，但当时的总理、后来的总统凯山·丰威汉却说国王是老死的。1979年，伊朗国王穆罕默德·礼萨·巴列维被驱逐出境，原因是他试图使自己的国家西方化，但不敌由阿亚图拉·霍梅尼①领导的伊斯兰教派的反对力量而失败。霍梅尼致力于在伊朗建立一个以伊斯兰教义为最高法律的神权国家。

虽然军队干预政治是政权变动中经常出现的事件，但它却并非君主制终结最普遍的原因；君主制更多的是被旨在摧毁以绝对君主制为典型的寡头统治的自由主义革命所推翻。然而，在此类革命中，一些国家采取了另一途径——君主立宪制，这是介于绝对专制和共和制之间的第三条道路，它既保留了国王的克里斯玛型权威，②又迎合了大众的民主需求。欧洲的英国、挪威、丹麦、瑞典、荷兰、比利时以及1975年王权复辟后的西班牙，全是君主立宪制国家，直到21世纪它们仍在按照这种原则进行国家治理。

君主立宪制解决了在国王神圣的古老信仰仍深入人心的国家实现国家治理现代化这一难题。在这种国家，废黜国王几乎等同于亵渎神圣。因此，解决之道不是取缔王权，而是转变它，使它变成一个更能被人接受的假象。这正是1945年日本发生的事情，当时"二战"的胜利方美国人意识到，如果他们废黜裕仁天皇将会引发社会动荡，因此，采取的替代方案是，使裕仁成为名义上拥有神圣血统的立宪制君主。

类似的变革发生在1932年的泰国，当时的国王巴差提朴——即拉玛七世——是一位按照君权神授观进行统治的绝对君主。1932年6月24日，国王收到一份电报，该电报来自人民党——这是一群接受西方教育并刚刚夺取政权的泰国人。电报给了国王一个不容辩驳的建议。

  由内政官员和军事将领组成的人民党现在已经掌管了这个

---

① 阿亚图拉（Ayatollah）：地位极高的男性，伊斯兰教什叶派宗教权威。——译注
② 克里斯玛（Charisma）：德国著名社会学家马克斯·韦伯提出的关于权威类型的一个概念，指那种由个人人格魅力而确立的权威。——译注

国家的行政权力，而且手中还控制了数位王室成员……作为人质。如果人民党的党员受到任何伤害，你们的亲王也将受到惩罚。人民党无意取代国王的地位……他们的主要目的是要求建立君主立宪制。因此，我们诚邀国王陛下回到首都［曼谷］，在人民党建立的君主立宪制度下以国王身份进行垂治。如果国王陛下拒绝接受这一职位，或者在接到此信之后的一小时内不做出答复，人民党将宣布君主立宪制政府成立，并另外委任一位合适的亲王来担任我们的国王。

巴差提朴国王除了同意别无选择，但他告诉叛军，自己早已考虑主动实施君主立宪制改革，这多少挽回了一点国王的"颜面"。

相隔近六十年后，已故的尼泊尔国王比南德拉在1991年遭遇了同样的事件。当时，在他那个小小的、贫穷的喜玛拉雅王国，政治骚动一触即发，与巴差提朴一样，国王被迫放弃绝对专制统治，宣布实行君主立宪制。但尼泊尔没有要废黜国王的问题，因为比南德拉被视作印度教毗湿奴神的化身，取消国王很可能会引发大规模群众抗议。如果要让尼泊尔民主化，就必须尊重源自古代的宗教传统，而比南德拉本人，尽管其国王形象有所变化，却必须维持其原有的神化地位。

欧洲的事态发展却没有保证国王的神祇地位。欧洲人最多不过信奉君权神授观，但文艺复兴运动及其新的批判精神最终消蚀了欧洲人对古代传统毫不怀疑式的服从。这种新的理念一旦形成，一切既有的思想和制度——包括君主制——都开始受到批判和审视。当热爱自由的人们面对一位专制君主的统治时，作为文艺复兴中心内容的古希腊和古罗马文化复兴，为他们提供了一个戏剧性的——尽管可能半是传说的——行为榜样。公元前534年，卢修斯·塔克文——人称"骄傲的苏佩布"——主使刺杀了自己的岳父即前任国王塞尔维乌斯·图利乌斯，成为罗马第十七任也是最后一任君主。塞尔维乌斯是个温和派，他坚持罗马长期确立的传统，向元老院咨询政务。罗马史学家提图斯·利维斯－李维认为，塞尔维乌斯之死"标志着罗马由国王实行的公正合法统治之终结"。塔克文取得权力后就宣布要实行专政统治。

此事发生五百年后，在《罗马的兴起》一书中，李维这样记述了随后发生的事情：

"他（塔克文）杀掉了所有他认为支持塞尔维乌斯的德高望重的元老院议员。但很快地，他认识到用这种恐怖手段获得的权力，很可能为后人施之自身树立了一个先例，于是他为自己建立了一支武装卫队。他自己既无人民投票，又未经元老认同就登上了王位，因此他登基的唯一理由就是暴力篡位。更糟糕的是，因为他……在除了他自己之外没有其他法官的法庭上审判受到极刑指控的人们，这进一步造成了恐怖气氛。通过这种方式，他不仅对那些他怀疑或不喜欢的人、还把那些仅仅因钱财受到他觊觎的人判处死刑、流放或者施以重罚。"①

富裕的卢修斯·朱尼厄斯·布鲁特斯家族就是这一暴政突出的受害者：布鲁特斯的老父亲死后，塔克文攫取了他的财产并杀死了他的大儿子。布鲁特斯本人佯装白痴而得以逃命。以血腥残忍而臭名昭著的塔克文的统治，随着其子塞克图斯的暴行，在公元前510年突然结束了。塞克图斯强奸了罗马将军塔克文·科拉提努斯的妻子卢克蕾蒂娅②，卢羞

---

① Livius, Book 1, paragraph 49, 第58页。
② 卢克蕾蒂娅（Lucretia）一名经李维的记载而成为罗马传说中的贞妇，表示宁死不受辱的模范妇女；中文译名取自马基雅维里著，冯克利译《论李维》，上海人民出版社，2005年版。——译注

愧自杀。①

卢修斯·朱尼厄斯·布鲁特斯一直想要找塔克文复仇，他借机号召罗马人民起来反抗，一举将国王及其整个家族驱逐出境。塔克文曾几次试图夺回王位，但全部以失败告终，最后在流亡途中死去。

与此同时，罗马的君主制也告废除，取而代之的是一个共和国。然而，被罗马人民抛弃的不仅仅是国王，他们对君主制和王权的理念本身也已经深恶痛绝。公元前55年尤里·恺撒被谋杀，原因就是人们怀疑他打算接受王冠。随后，在公元前27年，罗马人有了历史上第一位皇帝——恺撒的侄孙奥古斯都②。奥古斯都及其继任者都没有称帝，更不会自称国王，而是自称为第一公民，或祖国之父。

就像源自古代社会的众多传说一样，塔克文·苏佩布的故事也带有很多传奇色彩和宣传意味。塔克文的形象就是典型的罗马暴君，他包藏祸心，作恶多端，还有一个有过之而无不及的混蛋儿子。尽管如此，上述故事及其他古老故事表明，专制的基本表现就是对民众权利的否认，以及采用暴力手段和镇压方式来奴役人民。这一观念促进了文艺复兴中的个人自由思想的提出，以及所有思想中最强有力的良心自由③(freedom of conscience)之理念的形成，正是后一理念促生了新教改革。

在诸多教派群体中，按照自身方式严格遵守新教教义的英国清教徒效仿罗马人将国王和君主制视为暴政。因此，他们利用议会发动了一场针对国王查理一世的内战，其结果不仅导致了1649年查理一世之死，还废除了英格兰的君主制。

在对查理的控诉书中使用的言辞，很清楚地表明了清教徒们将王

① Livius, Book 1, paragraph 57—60，第67—70页。
② 即屋大维。——译注
③ 又译"信仰自由"。——译注

权与专制相关联的立场。他们指控国王"包藏祸心地企图颠覆人民的权利与自由、树立并执掌专横任性、不受限制的专制权力"。为此,他还"对本届议会及其所代表的人民发动了叛逆和邪恶的战争,这场战争唯一的目标就是维护其个人意志和权力,以及谎称其个人及其家族拥有特权,可以违背公共利益和普遍权益以及这个国家全体人民所应该享有的自由、正义及和平"。最后,查理一世被指控为"暴君、卖国贼、杀人犯和人民公敌"。

同样的情绪也弥漫在美洲殖民地人民从1775年开始的对"暴君"乔治三世的反抗当中。这场革命的内在精神及其对个人权利的强调,很大程度上也得益于清教徒对君主制、君主特权及其所操纵权力的看法。这些观点写入了1787年9月17日通过的美国宪法当中——此时距独立战争胜利已有四年。该宪法的第一条第九款第八项这样写道:"合众国不得颁发任何贵族爵位;凡是在合众国政府担任有俸给或有责任之职务者,未经国会许可,不得接受任何国王、君主或外国的任何礼物、薪酬、职务或爵位。"

这并不仅仅是旨在防止个人因私欲膨胀而损及国家利益的一条孤立的法律文本。美国人的计划是阻止君主制或任何其他形式的专制制度在美国的出现,从而确保共和国真正恪守其基本原则,宪法第八款与这一设计密不可分。美国实行了当时仍十分罕见的选举人民代表制,这一制度便是上述原则的深刻体现。依据美国宪法,国家将不会出现权力垄断,相反,政府权力由总统和国会——国会由一个参议院和一个众议院组成——共同分享,其目的在于平衡权力,从而制约专制。

当然,推翻了乔治三世国王以及英国议会的遥控统治后会留下权力真空,美国宪法的起草者们得以利用了这种有利条件。法国的革命者则无法奢望这一点,尽管他们也对美国的理念深为折服,但不得不首先处理几百年来的绝对王权统治留下的烂摊子。一开始，废除君主制并不在法国革命者的计划之中。他们初期的目标是将国王路易十六转变成英国式的立宪君主，要求他与最高法院共同分享权力。1790年7月14日，就在巴士底狱风暴发生一年之后，惶恐不安的路易十六同意签署一部包含上述安排的新宪法。但此时法国的舆论形势已经不愿再接受君主立宪制。1791年8月27日人们发现外国君王正共谋欲扶持路易十六在法国恢复独裁统治时，君主立宪制就更是没有丝毫之可能。当时，在普鲁士的皮尔尼兹举行的一次会议中，奥地利皇帝利奥波德二世和普鲁士国王腓特烈·威廉二世邀请欧洲其他国家的国王共同进攻法国。

一开始这次会议仅仅被看做是一次外交斡旋而并非要挑起战争，会议的目的是要给革命的制宪议会①施加压力，从而使路易十六国王有机会获救。然而，这是一场危险的游戏。1791年的法国，有三个政治俱乐部正谋划着未来法国政府的形式。其中的两个团体——雅各宾派和科尔得利派②——都倾向于共和国。而第三派——由拉法耶特侯爵领导的费洋社（the Feulliants）——则倾向于新的有限君主制，但在1791年10月1日组成的新立法议会上，这一派力单势孤，人数也远不及共和主义者。

在这个节骨眼上，代表路易国王及其家族的、来自普鲁士和奥地利的干预就显得尤为严重了。立法议会收到了一份措辞严厉的警告，

---

① 制宪议会（the Assembly），1789年5月法国召开传统的三级会议，6月第三等级自行宣布组成国民议会，随后多数僧侣与贵族加入，三个等级的划分在法国从此取消。7月7日国民议会任命了一个宪法委员会负责宪法起草，两天后该委员会提出第一份报告，自此国民议会改称制宪议会，11日发表人权与公民权宣言草案。1791年9月29日制宪会议历时两年完成宪法修订任务（即1791年宪法）并闭幕。10月1日成立国民立法议会，由平民派主持；1792年9月立法议会改组为国民公会。——译注

② 法国大革命时激进派党员在科尔得利教堂成立的一个政治组织。——译注

内中说任何对法国王室不利的行动都将被视为战争的挑衅。1792年4月20日立法议会以对奥地利宣战作为对这一威胁的答复。战斗沿着法国与弗兰德斯地区的边境展开。在里尔镇周边进行的一系列小规模冲突中，法国军队很快就被奥地利军消灭殆尽。在这些对抗之中曾有过一次暂时停火，当时一支超过十五万人的强大的军队经不伦瑞克公爵卡尔·威廉统率在科布伦茨集结。8月19日，不伦瑞克侵入法国，穿越阿尔贡森林直逼巴黎。

营救法国王室的行动使王室家族处于更加危险的境地。1792年8月10日，法国君主制已经倒台。当时，一伙巴黎暴民闯入杜勒丽行宫直接威胁国王。他们强迫国王戴上象征革命的、红色的弗利吉亚帽[①]，并举杯祝福他们健康、祝法兰西民族万岁。惶恐不安的王室家族期待立法议会给予保护，但找错了对象。9月21日，立法议会改组为国民公会并召开第一次会议，共和主义者占据了多数地位，他们的首要日程就是废除君主制。

巨大的兴奋淹没了对这次行动合法性的怀疑。某位议员发表了蛊惑人心的言论，赢得了一片喝彩声，他要求摧毁这种"神奇的护身符……国王，在道德意义上就是魔鬼！"废除君主制的法令获得了一致通过，第二天，即9月22日，共和国即宣布成立[②]。原来的路易十六国王，现在被称做平民路易·卡佩，以叛国罪交付审讯。起诉书的开头这样写道："路易，法国人民现在指控你为了摧毁人民的自由、建立个人专政而犯下诸多罪行。"四个月后，1793年1月21日，国王路易十六由一千二百人的骑兵卫队护送到刑场。随同前往的英国牧师亨利·埃塞克斯·埃奇沃思后来描述了下面这一情景。

[①] 一种垂尖圆锥形帽子，又称为自由之帽（cap of liberty）。——译注
[②] 即法兰西第一共和国。——译注

街道两旁站满了公民，他们都拿着武器，有的人拿长矛，有的则拿枪……各家各户的门口、窗前和街道上，除了携带武器的公民外别无一物——公民们，全都蜂拥着前去观看一场犯罪行为。

囚车继续前行……在静默中向路易十五广场①行进，最终停在绞刑架周围留出的一大片空地中间：空地四周都是大炮，再远处则是望不到边的武装军人……国王刚从囚车上下来，就有三名卫兵上前围住他，企图脱下他的衣服。但国王高傲地斥退了他们——他自己脱下外套，摘下围巾，解开衬衣，然后亲手依次叠放好。一时间，卫兵们也被国王毅然决然的神态吓住了，但很快他们仿佛又壮起胆子再一次围住国王，并企图抓住国王的胳膊。"你们要干什么？"国王喝道，他抽回自己的手。"要将您捆起来，"这些倒霉的卫兵回答。"要捆我，"国王说道，言语中充满了愤怒。"不！我绝不同意那样做：绝不允许你们按命令做，你们也休想捆住我……"

通往绞刑架的路非常坎坷，极其难走；国王不得不倚靠着我的胳膊，一点一点地往前挪动，我当时有点担心他可能会失去刚才的勇气。但令我吃惊的是，到最后一级台阶时，我发觉他突然推开我的胳膊，以极其坚定的步伐跨过整个绞刑架……我听见他清清楚楚地说出了这样一些值得记住的话："对我所有的指控都是谎言，我将无辜地死去；我宽恕那些置我于死地的人；我要向上帝祈祷，主啊，愿你即将洒落的鲜血绝不再重现于法兰西之地。"

一个骑在马背上的人，身着国家制服，发出狞恶的喊声，下令擂鼓。与此同时，许多声音在为刽子手们助威。刽子手们仿佛也在为自己鼓劲，他们粗暴地揪着那柔弱善良的国王，拖到刑台

---

① 即后来的协和广场。——译注

的巨斧之下。只一下，国王就已身首异处。这一切都在一瞬间。卫兵中最年轻的那个——看起来似乎只有十八岁——立刻捡起那颗人头，沿着刑台四周向人们一一展示，在这一恐怖的展示中，他的粗鲁和野蛮毕露无遗。四周是一片可怕的寂静，过了很久之后，响起几声高呼"共和国万岁！"渐渐地声音越来越多，不到十分钟，这一呼声千万次地重复，响彻整个人群，所有的帽子都抛向了空中。

国王年仅八岁的儿子当时被关押在教堂里，路易十六死后，他就成了法国有名无实的新任国王，即路易十七。路易十七两年后就死了，表面上是因为肺结核，但更有可能像谣传的那样，是被毒死的。同一年，革命政府颁布了一部新宪法。在这部人称《人权和公民权利宣言》的宪法中，以法律形式保证了法国将不再实行君主制。比如第十七条写道"主权主要属于人民大众"，第二十一条则说"公共官职不能变成那些任职者的私人财产"。

尽管有这些谨慎的防范措施，但在热情欢呼中诞生的法兰西第一共和国却没有维持多久。1795年经由宪法设立的统治法国的三人执政团很快就被拿破仑·波拿巴所挟持，在路易十七去世十一年后，他竟自封为皇帝。尽管如此，法国大革命的思想却得以延续，成为整个19世纪欧洲政治发展的开端。在整个1848年直至1849年里，为整个欧洲大陆拉响警报的一系列自由主义革命就是这一思想遗产的直接产物。另一个法国革命的产物是共产主义的诞生，其标志就是恰好在1848年发表的、德国思想家卡尔·马克思起草的《共产党宣言》。马克思的这本小册子点燃了一根长长的导火索。最终，爆炸在下一个世纪震荡，并因此摧毁了数个欧洲君主国。而在所有这些国家当中，最引人注目的要数俄罗斯罗曼诺夫王朝的垮台。

罗曼诺夫家族的统治始自1613年米哈伊尔·罗曼诺夫登上沙皇王位，他是俄罗斯长期独裁专制的代表。正当文艺复兴在不断改变西欧文化生活的同时，半东方性质的俄罗斯却在不断倒退和野蛮化。尽管有17世纪彼得大帝和18世纪凯瑟琳大帝的现代化努力，俄罗斯的贵族仍然非常粗鲁而缺少教养，农民则极其贫困、迷信和愚昧无知。封建农奴制在俄罗斯的历史比在欧洲任何其他国家都要漫长，直到1800年，九千万俄罗斯人口中还有一半是农奴，像奴隶一样依附于他们的贵族老爷。

尽管文艺复兴已多少为西欧人民接受社会和政治的变革预备下了一定的思想基础，但18世纪启蒙运动中的自由主义理念还是让他们震惊。而俄国仍是如此蒙昧，因此当同样的理念降临这片土地时就仿佛投下了重磅炸弹。俄国沙皇早已习惯于用他们认为其臣民能够理解的唯一统治方式——武力和恐吓——来实施统治，此时便诉诸残酷镇压。即便是凯瑟琳大帝，尽管她曾一度钟情于自由主义思想，但在法国大革命之后也放弃了这种念头，转而将俄国国内的自由主义思想家们投入监狱或流放到冰天雪地的西伯利亚荒原。1825年继承帝位的沙皇尼古拉一世更是采取了全面专政统治。他实行新闻审查制，成立秘密警察部队四处搜捕自由主义者和革命分子，毫不留情地镇压地方叛乱。尼古拉的儿子及王位继承人，亚历山大二世曾尝试进行改革，其中著名的措施包括1861年解放俄国农奴、放松新闻管制以及引进更为自由的教育模式。所有这些措施反而鼓励有教养的俄国人要求更多的民主权利，这令亚历山大甚为惊恐。于是他也重新采取镇压策略，将自由主义者逐出大学，并将成千上万名被怀疑是革命分子的人发配到西伯利亚。这些手段都没能让亚历山大躲过1881年的暗杀阴谋，这一血的教训让王位继承人亚历山大三世更加坚信，所谓自由主义改革是徒劳无益的，唯一的统治之道就是专制独裁。

正如法国人早已发现的,只有在统治者是一个真正的暴君并能将自己的意志强加于臣民之上时,专制主义才有实际意义。而一旦君主十分软弱,缺乏真正有效的独裁手腕时,灾难必然会降临。于是,19世纪末20世纪初的俄国重演了1715年强大的路易十四去世后的法国历史,甚至连俄国君主制的覆灭也与法国当年如出一辙。

亚历山大三世的儿子——尼古拉二世绝不是当暴君的料。他深知自己有什么样的缺点:性格温柔、优柔寡断,又没有多少才能。当其父的意外死亡迫使他于1894年登上俄国王位时,他自己在畏惧当中也几近崩溃。尼古拉本人十分惧内,因而深受其德国妻子、维多利亚女王的外孙女亚历山德拉的管束,亚历山德拉不断地告诫尼古拉要强悍一些。"别忘了你是一个专制皇帝,而且你必须这样做",亚历山德拉在给尼古拉的信中写道,"……(你必须)更多地显示自己的强悍和果决……像先祖彼得大帝、伊凡雷帝那样,压垮他们。"

亚历山德拉纯粹是在浪费时间,一个如此软弱、必须被人教导去做独裁者的沙皇绝不是一个独裁者。相反,对于那些不断阴谋反对政府的政治煽动家、那些暴徒、叛乱分子以及受屈反抗的人们,他是天赐的礼物,让这些人有了出头的机会。就像亚历山大二世一样,尼古拉二世也试图进行改革,其中包括创建国家杜马即议会,但很快他也退回到武力镇压的老路上,因为自由主义分子和民主人士在杜马中赢得了机会,并要求皇帝做出更多的让步。秘密警察,即第三厅,奉命抓捕那些麻烦制造者,这些人四处遭受追踪、围捕,成千上万的人被流放到西伯利亚。

然而,在20世纪初,帝国的压迫已经不再有效。此时,在平衡中出现了重要的新要素。俄罗斯处于工业化变革的进程中,成千上万的工人涌进了棉花厂、羊毛厂、钢铁厂,与逆来顺受的俄罗斯农民不同,他们组成的群体会响应号召,组织政治示威、举行罢工,给沙皇政府造成了极大的麻烦。数十年的残暴统治、数百万人生活在极度贫困中、俄罗斯生活的绝望与艰辛——这些因素都使得即将到来的革命达到了前所未有的仇恨与暴力的高峰，其血腥程度甚至超过了之前的18世纪法国大革命。

革命是由社会民主工人党精心策划和准备的，这个党成立于1898年，其领导人弗拉基米尔·乌里扬诺夫（列宁）和列夫·布朗斯泰恩（即托洛斯基）都是卡尔·马克思的信徒，他们的目的是要激发起大规模的群众起义，从而一举推翻俄罗斯的沙皇，并永远消灭沙皇制度。一开始，他们的风头被温和的孟什维克派抢去，该派系由自由主义政客亚历山大·费奥德罗维奇·克伦斯基领导，他在1917年组建了一个临时政府，意欲在俄罗斯实行民主化。但列宁和托洛斯基却有着更为彻底、更加激进的变革思想，当时的俄国形势也更加适合他们的计划而不是克伦斯基的理想。在第一次世界大战饱受磨难的三年中，俄国军队遭受了惨重失败，伤亡超过五百万人。随着战争的推进，物资日益匮乏，人民深受饥荒之苦。到了1917年3月，饥饿的工人开始抢劫食品店。

在一切法律、秩序和控制都崩溃的情况下，3月12日，自由主义者成立了一个临时政府，他们联合共产主义者代表大会，要求尼古拉沙皇退位。三天后，尼古拉宣布退位，他在日记中痛苦地记下了自己被俄国军队抛弃的过程。

"早上，"沙皇在3月15日写道，"鲁泽斯基［尼古拉·鲁泽斯基将军，北方军的指挥官］来宣读了他与罗德兹安科［杜马主席］通过电报长谈的最终结果。据此……我必须退位……阿列克谢将军将这一意见送到各位总司令处。下午两点，各位指挥官的答复意见回来了，主要就是说为了拯救俄国，使前线的军队保持稳定，必须采取这一步骤。我同意了。……我的周围全是背叛、懦夫、还有谎言。"

罗曼诺夫王朝和俄国君主制就这样结束了。尽管在一开始,尼古拉沙皇及其家人还有希望生存并获准流亡国外。但战争的境况剥夺了这一机会。尼古拉联系了几个国家的政府,然而无一愿意收容他们。独裁者尼古拉沙皇成了不受欢迎的人。于是,皇室家庭被带到俄罗斯中部乌拉尔山脉附近叶卡捷琳堡的一处地方,这地方有个可怕的名字,叫做特种用途所。1918年7月中旬,有消息说一支俄罗斯白军——反对革命的保皇党人——正接近叶卡捷琳堡。沙皇家庭看起来很快就会得救了,但事实上,这却是给沙皇的死刑令。7月18日,尼古拉沙皇连同其妻子和全部五个孩子都被行刑队处决。①

当罗曼诺夫家族在1917年四处寻求庇护时,尼古拉的堂兄、英国国王乔治五世也像其他外国统治者一样拒绝收留他们。当时,国王拒绝的真实理由并未公开。但后来,英国在第一次世界大战时的首相戴维·劳埃德·乔治,在其1934年写作的《战争回忆录》中提到了两种可能的解释:其一是接受沙皇及其家人将有可能激怒英国的共和党人,其二是英国的工人阶级对使其俄罗斯阶级兄弟饱受冤屈和痛苦的沙皇充满了仇恨。②在某种程度上,这是一种征兆,象征着更加自由的时代的到来,也象征着国王和政客们的一种新的自觉,他们逐渐认识到自己必须倾听人民的声音。

这种声音越来越坚定,渐渐人声鼎沸,最终导致君主制在20世纪前半叶经历了一次事实上的淘选。1918年之后不复存在的俄国、德国、奥匈帝国和奥特曼王朝的王室是其中最主要、最耀眼的陨落者,但还有其他败落的国王,而且也并不必须要靠一场世界战争或类似的灾难来推翻他们,一场自由主义的狂飙就足以实现这一目标。

---

① Bokhanov, 第313—314页。
② Rose, 第211—218页。

在父亲和王兄被刺杀后，1910年，登基仅三年、年仅十九岁的葡萄牙国王曼努埃尔二世被一场共和党人领导的起义赶下台。1930年，实行军事独裁的西班牙首相里维拉在掌权九年之后倒台，他的支持者、国王阿方索十三世也为此付出了代价。选举使共和党人在西班牙议会中取得了绝对多数；到1931年，阿方索除了离开西班牙以外别无任何选择。因为拒绝退位，所以他在名义上还保留国王头衔，但他自此再也没有回到过西班牙，1941年，他于流亡途中死在罗马。①

至此，另一场世界大战正在为下一代革命者起来推翻另一批国王铺平道路。1945年后，用温斯顿·丘吉尔形象的比喻来说，"铁幕"降临并横跨欧洲大陆，使几个巴尔干王国成为俄罗斯的卫星国，并直接导致这些国家的君主被流亡或放逐。南斯拉夫国王彼得二世，他在1945年被剥夺王位，共产党游击队的领导人乔塞普·布罗斯，即著名的铁托元帅正式废除了君主制。彼得国王一直没有从打击中恢复过来，他的后半生一直蒙着这层阴影。国王在1944年迎娶的希腊妻子、亚历山德拉王后，一直试图说服国王相信自己已经不可能再夺回王位，但国王拒不相信，他们的婚姻也因此矛盾而解体。王后移居威尼斯；彼得则到了美国，在那里，他成了一个可怜虫，经常醉酒，喋喋不休地逢人就讲他的悲惨经历和他从此再未曾谋面的南斯拉夫美丽风光。他再也未能成功地重启人生，他试图成为一名顾问或金融家，结果却是令人沮丧的失败。四十岁的彼得已是一个疲惫不堪的老人，因为酗酒而臃肿不堪，由于经常自怨自艾和过多的失败而颓废沮丧。他的钱用完了，曾经因有一位王族房客而自豪的房东开始向他讨要房

---

① 取代阿方索十三世的共和党人在1936—1939年的西班牙内战中被弗朗西斯科·佛朗哥领导的民族主义者打败。尽管佛朗哥随后成为西班牙的大独裁者，但在其整整三十六年的统治过程中，西班牙在法律上仍然是一个君主制国家。佛朗哥举荐阿方索十三世的孙子胡安·卡洛斯接替自己。1975年，胡安·卡洛斯在佛朗哥死后成为西班牙国王。——原注

租，旅馆也不愿接纳他入住。1970年彼得去世，年仅四十七岁。

另一位巴尔干国王，保加利亚的西缅二世则显得更加有耐力和魄力。1946年，西缅只有九岁，新成立的保加利亚人民共和国废除了君主制并强迫年幼的国王及其家庭流亡国外，国王先是逃到埃及，后来又到西班牙。西缅积极面对流亡生涯，他拿到了法律和政治科学专业的大学文凭，并以陆军少尉的身份从美国著名的弗吉山谷军事学院毕业。后来，在他流亡五十五年之后，又以新的身份回到保加利亚，此时他成了西缅·萨克斯－科伯·哥达，政治领导人和民族运动党领袖，该党在2001年6月17日的议会选举中赢得了压倒性胜利。紧接着在7月24日，这位前国王又正式宣誓成为保加利亚共和国的首相，以其亲身经历生动地说明了如何从不幸走向成功。

经历恰好相反的是阿尔巴尼亚国王索古一世，他以平民开始，最后当上国王。阿哈米德省长索古是阿尔巴尼亚高地一个部落的首领，1912年，当阿尔巴尼亚从土耳其统治下获得独立时，十七岁的索古歃血发誓要捍卫这一独立。十年后，他成为共和党政府的一名领袖，1928年他自称为国王。尽管如此，索古确实曾经是阿尔巴尼亚历史上的一位、也是唯一的一位国王。1939年意大利入侵阿尔巴尼亚，索古被迫离开祖国，从此再也没能回去。1946年，恩维尔·霍查宣布废黜索古之王位，他自己担任国家首相。霍查持续统治了四十年，一直到1985年去世；国王索古则在此前很久就已过世，1961年，他的儿子莱卡成为他名义上的继承人。

罗马尼亚国王迈克尔在1947年也遭受了相同的命运，他被迫退位，其王国被一个人民共和国所替代，但迈克尔不愿意不经过斗争就离开祖国。国王后来回忆说：

> 我不能不为如此多的无辜生命负责任，（如果我不退位）一

场血腥屠杀在所难免……皇宫被荷枪实弹的部队包围了,电话线被切断。首相佩特鲁·格罗查已经逮捕了我的大批随从。皇宫外上千名被押作人质的青年人都参加过反对共产党政权的游行示威。我多次拒绝签署那些文件,于是首相让我摸一下他的外套口袋。那里有一支手枪,我别无选择。

与西班牙的阿方索十三世一样,意大利国王维克托·埃马努埃尔三世也犯了一个极其严重的错误,最终失去了他的臣民和王冠:他支持了一个残忍的法西斯独裁者——贝尼托·墨索里尼。1922年,墨索里尼威逼利诱柔弱的国王任命自己为政府总理。1944年,"二战"即将结束前,盟军攻入意大利,墨索里尼的权力也终结了,其本人于1945年被意大利游击队刺杀。维克托·埃马努埃尔国王战后得以幸存,但已颜面尽失。1946年他被迫退位,次年便在流放途中死于埃及。他的儿子和继承人,国王翁贝托二世所享受——如果可以用这个词的话——的王位时间当属君主制历史上最短时间之一。1946年6月13日,在他登基仅五周之后,意大利人投票决定废除君主制,由共和国取而代之。

到此时为止,共和国、共产主义,诸此种种,实际上已经横扫了整个欧洲。仅在北部欧洲还残留着少数几个君主立宪国家——英国、比利时、荷兰、挪威、瑞典以及丹麦——而在动荡不安的巴尔干半岛仅剩下一个幸存的君主国:希腊。希腊是19世纪新独立的五个国家之一,另外几个是比利时、罗马尼亚、挪威和瑞典,后面这几个国家都没有他们自己的王室家族,因此,他们要从其他君主国进口国王,主要是从德国,那里较其他地区有大量剩余。

希腊人曾两次选举自己的新国王,第一次是在1832年,当时他们选择了巴伐利亚的奥托,但此人缺乏军事才能,而没有子嗣更是令男子汉气概很强的希腊子民深为不满。在奥托被迫退位之后,希腊人又选举了第二个国王,来自丹麦的威廉亲王,是为乔治一世国王。但希腊有一个坏名声,这不仅仅是由于他们对待奥托的方式,还因为这里是一个蛮荒之地,民众性格暴躁,其政治生活的阴暗更是举世闻名,这里屡次创下贪污腐败、背信弃义甚至公然背叛之记录。然而,乔治国王并没有忽视希腊王国的不稳定特性,他十八岁时就已经很精明,"随时备着一只旅行箱",一旦出现情况就会尽快逃离,立刻奔回丹麦老家。

结果,乔治国王的旅行箱从来没有派上用场。他成功地——好几次是几乎落马——统治这个国家近四十年,不过他所接管的这个本性野蛮的国家最终还是要了他的性命:1912年,乔治被一个名叫塞利纳斯的、精神失常的流浪汉所刺杀,此人在受审之前自杀身亡。而乔治的子孙们便不得不一次又一次地使用那只旅行箱。因此,我们就能够理解古希腊的戏剧为何会如此经常地涉及这几大基本主题——死亡、报复、毁灭、赎罪、灾难以及流放——也将毫不奇怪这些戏剧通常会涉及王室。在2500年后,王室成员们还在扮演着相同的角色,所以近代希腊才成为君主制的坟场。希腊君主制曾两度被废除,有三位国王被迫退位,其中一位退位两次。最后的致命一击发生在1967年,当时,希腊像其他许多落马的君主国一样,屈服于一场军事政变。一个法西斯上校军官组成的军事小集团,在乔治·帕普度保罗斯的带领下夺取政权,并放逐了国王君士坦丁二世。君士坦丁曾试图阻止这场政变但没能成功,他成了希腊有名无实的国王。直到1973年,军事小集团正式宣布取消君主制,成立共和国。第二年,该军事小集团倒台,希腊重新建立民主政府——但并没有恢复君主制。因为,在一场公民投票中,希腊人投票反对恢复君主制;对君士坦丁国王及其家人来说,他们的一生将在流亡英国中度过。

在"一战"前夕,欧洲有十八个君主国,共和国不过三个——瑞士(从来没有国王)、法国和葡萄牙。①六十年后,全部君主国②中有十三个已经消亡。1991年,随着苏联解体,其东欧卫星国纷纷独立;有推测认为这些过去的君主国中,可能至少会有一部分出现复辟。同样,在2001年,美国遭受"九·一一"恐怖主义袭击,随后奉行极端伊斯兰教主义的阿富汗塔利班政府被摧毁,立刻就有消息说现年八十六岁的前国王查希尔将会回国。兴奋的报纸不断散播这类新闻,最终却没了下文。政府发生了变更,但共和国制度得以保留。在阿富汗,在横跨欧洲的大片国土上,王权曾经主宰一切,国王曾经声势浩大地游行炫耀;但现在看起来,君主制的时代已经结束了。

---

① Bogdanor,第1—2页。
② 西班牙(名义上)、意大利、符腾堡、克森王国、巴伐利亚、德意志、奥匈帝国、沙皇俄国、罗马尼亚、保加利亚、希腊、黑山王国、塞尔维亚。——原注

第十章
王室名流的世界

国王、王后以及王室成员一直以来都是社会名流。在人类历史上，人们曾经对他们寄托了众多期望。他们是智慧、仁慈、正义和武力的化身；他们代表着爱国精神和尽忠职守；他们引领艺术和科学的发展；他们还被视为家庭伦理的典范，是道德和正派的化身；总之，他们是人类社会中一切最高价值的集中体现。这些要求都很苛刻，但人们很少质疑那些王室贵族是否真的符合要求。对王室来说，带有一些传奇色彩的形象是必要的，而那些不太合宜的事实往往会被悄然抹掉。

以皇家的武士英雄为例。其在战场上的事迹会被人们竞相传颂、成为传奇故事，而其相对平凡的特征在故事中早已被悄悄掩饰。例如，于1189年成为英格兰国王的"狮心王"理查一世，他所赢得的声誉掩盖了他行为残暴的事实。直到今天，理查仍是军事天才的典范、谋略过人的战争将才，以及伟大的天主教君王。他继承王位后的主要抱负就是继续向圣地东征。1191年他如愿以偿，成为第三次十字军东征的领袖之一。这一事业的成果十分有限：理查解除了穆斯林对艾可的围攻，征服了地中海沿岸的数个港口，而他却没有达成自己的主要目标——占领耶路撒冷。尽管如此，他的行为已足以使他在后人的传记中光彩夺目。

这些传记都是由神甫和其他牧师撰写的，在那个时代，他们是唯一有文化的人。对他们来说，没有什么比远离故土、家庭和财富，冒着生命危险前往圣地与异教徒决战更能证明某个人对天主教的忠诚。狮心王理查当然有资格接受这一赞誉。就这样，理查的性格与其声名中阴暗的一面被遮掩起来，留下的却是他英雄的天主教徒形象。

人们还将理查很可能是同性恋一事谨慎地掩饰起来——这类行为会受到教会的诅咒，同性恋者被视为不能进入天堂的罪人。另一方面，尽管理查为东征敛财的手段极其残暴，但他勇敢的形象却丝毫未受损伤。理查很少在意英格兰，在其十年的统治中，他只在自己的国土上待了十个月。英格兰对他而言只有一个目的——筹措资金的财库。为此目的，理查实际上将自己的王国都卖光了：荣誉、特许权、伯爵领地、贵族身份、辖区官职、城堡、土地和宫殿，甚至整个市镇等一切可以换成现金的东西全都卖给了出价最高者。理查还曾计划卖掉伦敦，但就像他所抱怨的，没有一个富豪能买得起这座城市。这个被如此轻视的王国，对这位狮心王却是推崇备至，以至于他成为了英国最著名的王室名人。人们在歌曲、传说故事以及电影中不断地赞美他，今天，伦敦议会大厦外还耸立着他的一座宏伟的戎装骑马雕像：他手握长剑，仿佛时刻准备战斗。

狮心王以及其他战斗的英雄，如黑太子爱德华以及国王亨利五世——也同样因战绩而备受尊崇，这比其他王族更具有一种优势，因为人们不用在战鼓声外为他们再搜寻荣耀的源泉。勇敢的事迹和战斗中的胜利是现成的、值得称赞的资本，即使参战的时间很短也同样如此。比如，在1346年，黑太子来到法国克雷西战场，这是十六岁的他首次参加战斗。战斗只进行了两个多小时的时间，黑太子就成了充满魅力的英雄，并终身享此殊荣。

同样，亨利五世于 1413 年登基，两年后参加阿金库尔战役①并打败了法国人，从此便功成名就。阿金库尔战役于 1415 年 10 月 25 日在法国北部进行，亨利的大名由此作为武士国王被故事作家详细描述并久久传颂，他率领八千九百人的英格兰军队战胜了近三万人的法国军。英格兰的胜利因此具有了奇迹的效应，而奇迹往往是促生传奇故事最好的种子。

然而，只有在那国王以战争为第一要务的时代，武士国王才会被视为名人英雄，亨利五世恰恰属于符合该角色的最后一代君主。此后，战争和搏斗成为职业士兵的任务，国王只能在其他方面去赢得人们的赞颂，比如通过眼花缭乱的新古典样式的宫廷来吸引人们的目光，还有诸如王室"游行"——君主游历国境，让臣民一睹皇家风采，感受国王的富有与威严。

诸如此类的奢华展示是国王们经常使用的手段。比如，一位驾临伦敦的都铎王朝君主就会以豪华的场面和巨大的开支来展示自己。他们会修建凯旋门，点燃篝火，还会燃放焰火，将国王游经之处的沿街阳台装饰得美不胜收。② 1509 年亨利八世继承大统，尽管此时戎装骑士的时代已然过去，但他仍然以骑士角斗作为公共娱乐活动，从中展示奢华的更多机会使亨利由此出名。1511 年，亨利在威斯特敏斯特举办的一次比武耗资四千英镑，是其建造九百吨型战舰"伊丽莎白女王号"的两倍。

亨利八世的小女儿、女王伊丽莎白一世继承了他父亲对豪华游行的热爱，并利用游行为自己创造出"格罗瑞安娜"③这一光辉的形象。通过富有戏剧效果的手段及精心策划，伊丽莎白创造了一个传奇的朝

---

① the Battle of Agincourt, 又译"阿让库尔战役"或"阿让库乐战役"。——译注
② Adamson, 第 100 页。
③ Gloriana, 亚瑟王神话中仙灵国女王的名字；参见本书第七章有关部分。——译注

廷，她的朝臣和侍从都参与了这一行动。伊丽莎白是一个天才的演员。在私底下，她十分粗鄙，甚至口出秽言；她经常发下毒咒，让强悍的男子也畏惧不已；她会拿着黄金牙签剔牙，丝毫不顾忌是否有人在注视；她会讲满是淫词和暗讽的荤笑话。然而，当情况需要时，伊丽莎白能表现出一副王室尊严的典范模样来，"她在车驾中端坐，每一个动作都显示出帝王的风采。"①

每到周日，伊丽莎白前往教堂的行进过程简直就是一出戏剧。来自波美拉尼亚的波兰贵族卢波德·冯·韦德尔在1584年和1585年间正好在英国宫廷任职，他描述了当时的场景：手持嵌金画戟的卫队在前引导，女王身着红色大衣，衣服的前胸后背以及两臂上都镶有黑色天鹅绒缎子，女王的私人顾问手执权杖尾随在后，其余的则腰佩王剑，剑插在红色天鹅绒剑鞘之中，剑鞘上镶着黄金，排列着宝石和珍珠。前导官们的华丽也是无与伦比，他们披着艳丽的蓝斗篷，还系着一对翅膀。伊丽莎白所经之处，全都鼓乐齐鸣、笛声悠扬。②这种表演和其他在宫廷和游行中的类似展示，让女王盛名久传，甚至在距其统治近五个世纪的今天，她仍是英国最伟大和最令人崇敬的王室名人之一。

然而，就像其父亲一样，伊丽莎白一世并非只懂得外在的炫耀，她还很清楚如何担任一位君主，如何对朝臣施加自己的人格魅力，以及如何避免行为过分亲昵而破坏主仆之间必要的距离。或许她一次又一次地表现出一个女人的柔弱；或许她不断揶揄出生于德文郡的沃尔特·罗利那浓重的西部乡村口音；她还会给阿伦索公爵取诨名，比如她的永远的求婚者、她的"青蛙"，但任何外号都不能让公爵与女王的关系越乎礼节。与女王的简单谈话都有严格的礼仪规范。③奉诏入宫的朝臣在讲

---

① Milton（*Big Chief Elizabeth*），第42页。
② 同上，第67—68页。
③ 同上，第68页。

话时都必须下跪——即使只是受话也须如此——直到女王发话方可起身；离开时必须倒退行走，在即将远离女王视野时还必须鞠上两躬方能迈出宫门。

亨利八世和他的女儿都熟谙19世纪经济学家兼记者沃尔特·白哲浩所说的"皇家神秘感"，这被视为保留君主制所必需的基本要素。尽管如此，这并不意味着国王总是要时刻都保持其庄严态度或要求其臣民永远都表现得绝对顺从。有的国王很可能生活放荡，但仍拥有人们对他个人的尊敬和忠诚。查理二世和爱德华七世就是如此，他们经常行为恶劣，但仍然成功地赢得其臣民的仰慕和尊重。尽管相隔两个世纪，这两位国王却有很多共同之处。两人都非常热衷于娱乐和社交，都有一大堆情妇以及多个私生子。两个人的性格都平易近人，因此能和任何层次的人物交往，并使所有人都感到非常自在。当然，他们从未忘却过自己的身份，并且期望所有人都铭记这一点。

举例来说，1681年查理盛装出现在牛津，向世人展示自己毋庸置疑的王权身份，戏剧性地结束了废黜危机。"我绝不会屈服，"查理告诉那些企图强迫他拒绝其兄詹姆士的继承权的辉格党人，"我也绝不会被吓倒！"此时的查理意志坚定，不可移易，严厉而令人敬畏；但在伦敦圣詹姆士公园遛狗时的查理，却十分地平易近人，和蔼可亲。人们可以在公园里围观查理喂鸭子、玩游戏，甚至还能看着国王和情妇内尔·格温在花园的栅栏边聊天，查理曾将摩尔散步区里的一所房子赠予格温。日记作家约翰·伊夫林目睹了这一场景，他对国王和"内莉夫人"（Mrs Nelly，国王对格温的称呼）之间亲密融洽的关系惊奇不已。

"我对此情景伤心不已"，伊夫林沮丧地写道，但当后来又看到查理国王转到圣詹姆士公园背面的另一所房子——这里住着国王的另一位情妇克利夫兰女大公巴巴拉·维里亚，伊夫林感到的只是震惊。

1685 年约翰·伊夫林再一次在皇宫目睹了查理二世宫廷那"无法形容的奢侈、淫乱……腐朽",当时国王本人就坐在王位上"与数位情人嬉戏"。

对于像英国国王查理二世这样不可救药的放荡之徒,难免会让自负的伊夫林和其他有相似观念的清教徒惊骇不已。然而,查理备受欢迎及富有声望的主要原因正在于他不是一个伪君子。他贪恋女色,却从不掩饰。他喜好观看复辟时期的淫秽剧,这种戏剧里言语猥亵,男女之间无礼地调情,国王却常常出现在剧院里看得津津有味。正因为他是一个"放荡不羁的人",臣民们才觉得国王易于亲近。就连约翰·伊夫林最终也不得不承认,查理是"一位具有多种美德的国王……(他)友善、平易近人,既不血腥也不残忍……恰如其分,别具特色"。

同样的话也可以用来形容爱德华七世国王,另一个十足的浪荡子;但尽管如此,他也同样做到了既庄严又友善,充满威仪,又待人热情。作为伦敦上流社会的领袖,嗜好宴饮聚会的爱德华在皇室家族中被称为伯蒂,他是如此地热衷于社交活动,以至于有时客人们会嬉戏过头而僭越了君臣之仪。有一次,在圣丁厄姆的一个周末舞会上,一位女客高兴得忘乎所以,以至于她称呼伯蒂——当时还是威尔士亲王——为"我的好人"。现场的气氛霎时因这忤逆之辞而凝重起来,亲王对着这位女士咆哮道,"请记住:我不是你的大哥!"①

即使是与爱德华最亲近的那些人,在行为越线时也会备受冷落。伯蒂的情妇,迷人的里尔·兰特里——即所谓的杰西·莉莉——在一次假面舞会上将一把冰碴儿撒到爱德华的后脖子上,会场立刻肃静得令人可怕,亲王的脸已经气得发青,他狠狠地盯着里尔看了一会儿就怒气冲冲地离去。从此,里尔·兰特里成为伦敦上流社会里不受欢迎

---

① Weintraub,第 353 页。

的人，直到很久以后，伯蒂才原谅她，并与她重归于好。里尔在那个顽皮而疯狂的时刻所忘记的，正是威尔士亲王十分在意的王室架子，他绝对无法允许任何人，包括著名的杰西·莉莉，在公众场合愚弄自己还能不受惩罚。

但爱德华却一直不受惩罚，因为上流社会和媒体联合起来保护着他，使他免于因犯下丑闻而受到谴责。几乎尽人皆知伯蒂的奢华生活，但这些流言却从来没有公开讨论过。媒体的沉默使得王室的胡作非为并没有成为正式的公开信息。诸如爱德华常常在周末带着某位情妇到乡间别墅去度假这种公认的情报，从来都未曾见诸报端，情侣们也因此能安静地享受他们的二人世界。

伯蒂到底有多少个情妇，他自己也数不清楚；但对于他极尽维多利亚时代各种闻名的罪恶和腐朽之能事的一生来说，这还只是其中的一个方面。伯蒂酗酒、抽烟、喜好宴会和赌博，全都毫无节制。逢到出国之时，他经常出入巴黎的妓院，在玛利亚温泉市和其他温泉场所寻找新鲜刺激，只要那里有成群的女人——无论是社会名媛还是交际名花——能供他挑选。事实上，他所做的一切都令维多利亚时代刻板拘谨的人们恐惧不已，尤其是他的滥情最后不可避免地使他陷入了一场广为议论的丑闻之中。1870年，在备受争议的莫当离婚案中，爱德华几乎要被作为共同被告传唤出庭。最后莫当女士被宣告患有精神病，丑闻得以平息，亲王本人也躲过了法庭的盘问。但六年之后，他又在另一桩上流社会的离婚案中被列为预备证人。

1890年，爱德华突然成为轰动一时的人物。他的一位合伙人在约克郡特兰比农场的一次非法赌博中被指责为作弊，爱德华也因此卷入了一场复杂的法庭纠纷。在维多利亚时代的上流社会中，玩纸牌作弊是最大的失礼，当爱德华出现在法庭的证人席上时，丑闻沸腾开来。皇室家族成员、尤其是很可能继承王位的人，一直都被认为是不能被公开曝光的。这一次,到处都有传言说爱德华玷污了他的母亲维多利亚女王以及整个王室家族的名声,还说他不适合继承王位。法国的报纸不像英国同行那样受到限制,它们大肆推测说伯蒂即将放弃继承权。

但法国人和其他批评者未曾想到的是,王室不道德行为从来没有成为继承英国王位的现实障碍。无论正人君子和清教徒们有多么厌恶伯蒂,民众当中总是会出现一种怀旧情绪,人们会认为,就像查理二世那样,伯蒂只不过是做了一个青壮年男子本能的事情,而且,无论他的行为有多出格,他的心地并不坏,也谈不上对王位、王室传统及其尊严有何不忠。因此,道德失检可以原谅,但放弃王室职责的行为决不能容忍。

正是由于忘记了这条黄金法则,爱德华七世的孙子,爱德华八世——现代社会最富魅力的王室名人之一——体会到了社会到底能在多大程度上容忍一位亲王或国王的不体面行为。作为威尔士亲王,在王室家族里被亲切地称为戴维的爱德华,是英国历史上最受欢迎的王室成员之一。他有着非凡的与普通群众沟通的能力,他那数不清的外国之旅也充分证明他是一位真正的白马王子,他还有着电影明星一般好看的娃娃脸,举止迷人、笑容灿烂。但这些并不是一位未来的英国国王所需要的:在20世纪初期,维多利亚的品格约束仍然存在,王位继承人更需要的是沉着镇定和威严尊贵。

戴维所选择的生活方式也同样不合要求。不像他的父母——国王亨利五世和王后玛丽——喜欢的是公认的血统纯正、声誉完美的家族,戴维却喜欢亲近那些野心家、暴发户和三教九流之辈——即栖身于体面社会边缘的风月场中之人。1930年,正是在这种复杂的场合中,戴维第一次遇见了沃利斯·辛普森夫人,并很快坠入情网。这个美国女人当时正和她的第二任丈夫欧内斯特住在伦敦。

1936年初,随着父亲的去世,戴维继承王位,成为爱德华八世国

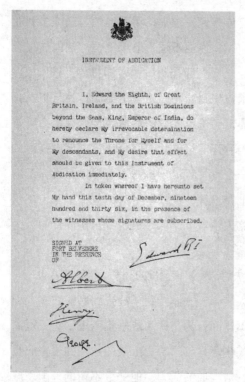

1936年英国国王爱德华八世签署的退位文书,上面还有他的三位弟弟的签名。(文物图片)

王。在沃利斯与欧内斯特离婚之后,国王就决心迎娶她为王后。但从一开始,新国王就面临着难以应付的反对势力。排队反对他的是英国和各自治领地——奥地利、新西兰、加拿大、南非——的政府、教会,还有王室家族自身。对所有这些人来说,与沃利斯·辛普森的婚姻是一种诅咒,这并不是因为她是美国人,而是因为她曾与两位尚在人世的丈夫离婚。在那个年代,离婚既不受人尊重,又不为世人所接受。因此离婚的人不能和王室成员往来,更不能通过结婚加入王室家庭。

在整个1936年,国王的婚姻问题发展到了危机边缘。外国媒体大肆渲染这一新闻,但英国国内的报界对此却自觉保持沉默。在电视、渗透性的现代媒体以及广泛的外国旅行出现之前的时代,即便是如此严重的事件,要对爱德华国王的广大臣民保守一个秘密还是可能的。尽管如此,到12月3日,英国媒体最终公布这一真相之时,还是引起了不小的震动。八天之后,面对着残酷的抉择——沃利斯或者王位——国王选择了沃利斯,并宣布退位。

爱德华还是有其支持者的。温斯顿·丘吉尔就认为他应该和"他那漂亮的小娘们"在一起;而更强烈更有力的反应来自公众,他们在心理上感觉像被遗弃一般，有人愤怒、有人悲痛，还有人困惑不解。爱德华八世不是第一个退位的英国国王，但他是第一个自愿退位的。这种行为完全违背了英国公众长期以来的某种信条：国王必须做出个人牺牲，这是他们与生俱来的义务。但这件事情不管有多么不可理喻，不管有多么自私，与所付

英国议会年度开幕典礼，国王在典礼上通知议会即将由政府执行的相关政策，演讲稿由政府撰写。（新闻图片）

出的代价相比，爱德华未能考虑到这些，并为之付出了代价：当他拒绝为王室责任支付成本时，他才发现自己的名声其实一文不值。

他所遭受的惩罚终其一生。这位前国王和辛普森夫人于1937年结婚，但是，他们作为温莎公爵和公爵夫人的共同生活却是流放和臭名昭著的一生，王室尊严已丧失殆尽。温莎夫妇在报纸的流言蜚语中被描绘为一对社会花蝴蝶，虽然有花不完的时间和金钱，但整日里就是从一种无聊到另一种无聊。他们还是色情流言的话题，甚至有人怀疑

公爵夫人不是一个正常的妻子，传言她是一个两性人——半男半女。温莎夫妇从来没有得到英国王室、政府以及教会的正式承认；公爵放弃其职位的行为也从来没有获得谅解，而公爵夫人更是从来没有得到她垂涎不已的"王妃殿下"的头衔。公爵死于1972年，公爵夫人也于1986年过世。

到这个时候，社会对于国王以及普通道德的态度都已经改变，形成了一种似是而非的矛盾局面。在所谓新颓废的一代的"喧嚣的60年代"之后，所谓的"宽容社会"最终得以胜出；现在人们对于离婚、再婚、同居，以及非法性行为或婚外情都已经更为宽容。然而与此同时，王室家族却被公认为是维护传统标准、道德上无可挑剔、值得尊崇的典范。这也给了那句老话——刑不上大夫，礼不下庶人——一种全新的涵义。

在2000年和2001年，这种矛盾困境也出现在挪威，王位继承人哈根王储的爱情生活引起了轩然大波。事情首先在2000年的5月曝光，哈根王储与梅蒂－玛丽·杰西米·霍比陷入情网，而霍比却是一位未婚妈妈，孩子的父亲即其前男友，是一名藏匿毒品的罪犯。这桩丑闻本来很有可能被公众忽视。但整件事情却很快发展为一场宪政危机。王储和梅蒂－玛丽毫不掩饰他们要结合的意图，尽管类似的事情在挪威已是司空见惯，但公众却对此表示了强烈谴责，并坚持王室成员不能只用世俗标准来约束。看起来，挪威人似乎相信王室成员和普通人共同生活或者结婚将会使君主制显得"过于平庸"。这一观点也得到了那些对哈根王储的姐姐玛莎·路易丝公主与丹麦作家阿里·贝恩的浪漫感情持反对态度的人们的支持，这个作家因为与毒品界有染而备受世人争议。

君主制仍得到支持，尽管在一次民意测验中，挪威王室得到百分之五十九的赞成票，支持率才勉强过半。挪威的反君主制人士对这一

2001年挪威哈根王储和新娘梅蒂－玛丽的婚礼。这桩婚事引起了诸多非议。（新闻图片）

结果毫不理睬，自由党、劳动党联合基督教民主联盟共同在挪威议会号召结束君主政体。

2001年3月，就在王储的结婚计划公布之后，挪威东北部城市希尔科内斯的一个压力集团发动了一场以废黜王室家族为目标的公众运动。他们甚至建议在结婚当天，即2001年8月25日，挪威人应该离开这个国家以示抗议。但所有这些都没能阻止王室婚礼的举办。哈根王储和梅蒂－玛丽的婚礼如期举行，地点就在奥斯陆的德姆科根大教堂，这座教堂还特意为此装饰一新。玛丽－路易丝公主和阿里·贝恩也于2002年5月24日正式结婚。

有关挪威王室家族罗曼史的轰动事件并非只是简单地反映了对王室行为的传统观念的重新浮现，其中更蕴含了在对名流以及与名流相处上的一种新倾向。如果说对于爱德华七世国王的非法行径以及1936年宪政危机之类的事件，媒体还能保持缄默的话，那么，随着不受限制地传播思想、信念、演讲,以及行动自由成为可能,王室名流已变得日益公众化,媒体保持沉默的日子已经一去不复返了。对于君主政体或任何其他事情的立场,受那种到处可见的、擅长于耸人听闻式报道的八卦小报的煽情,公众舆论变得比以往任何时候都更为喧嚣。

比利时国王利奥波德三世的不幸遭遇,充分说明了上述力量对君主政体之声望所能施加的影响,以及王室家族在面临不利的公众舆论时有多么脆弱。1935年正是欧洲的媒体空前伸张自己表达意见的权利之时,利奥波德因此被广泛谴责害死了自己的妻子。颇受欢迎的漂亮王后阿斯特丽德死于瑞士的一场车祸,而当时的司机正是其丈夫。

利奥波德从此便失去了声望。在第二次世界大战期间,纳粹德国的军队于1940年侵占比利时之后,利奥波德被指控为叛国,因为他与侵略者草率地签订了和平协议,比利时由此被纳粹占领了四年。国王于1941年就已经再婚,当时他还在莱根城堡当阶下囚,这第二任妻子玛丽·莉莲·贝尔是一位平民,尽管国王赐予她蕾西公主的头衔,但她却从来没有被立为王后。比利时民众对再婚一事非常愤怒。1944年盟军开始反攻后,利奥波德国王及其家眷被押解到德国,1945年才被盟军部队解救。尽管在战争期间,利奥波德并没有与纳粹积极合作,但民众对国王怒不可遏,因此规定没有议会的允许,国王不得再返回比利时。与此形成鲜明对比的是,在1945年解放的那段令人兴奋的日子里,作为抵抗纳粹侵略的抗战派典型,挪威国王哈根七世和丹麦国王克里斯蒂安十世都被欢呼为时代的英雄。

尽管没有像哈根和克里斯蒂安所获的那种热情的欢迎,1950年的公民投票还是让利奥波德获得了一次被国民接受的机会。比利时人的投票勉强通过了国王复位的提议,随后由议会授权利奥波德回国。利奥波德回到布鲁塞尔准备重新登基,然而由于投票胜出率太小,他所受到的欢迎却是罢工和游行示威。比利时社会主义内阁在抗议声中辞职,警察和反对利奥波德的群众爆发了激烈的冲突。国王显然再也不可能恢复王位了。1951年7月16日,国王将王位让给了自己的长子鲍丹王子。

与此同时,在邻国荷兰,朱丽安娜女王也数次遭遇了公众舆论愤怒的冲击。第一次严重打击是在1952年,当时她征召了一位伪信仰疗法骗子格雷特·霍夫曼丝为自己的小女儿玛丽吉卡公主治疗眼疾。霍夫曼丝是一位虔诚的和平主义者,她还相信外星人已经入侵了地球。除了照顾年轻的公主,她还影响了朱丽安娜的政治立场,正是她说服了女王拒绝诸如加入北大西洋公约这样重要的军事联盟。这一丑闻一直没有平息,直到最后朱丽安娜终于悬崖勒马,她解雇了霍夫曼丝并将其逐出了苏丝迪克宫。

后来,朱丽安娜两个女儿的婚姻也引起了荷兰人的情绪波动。1963年,艾琳公主改信天主教,并未经允许就嫁给了卡洛斯·雨果,此人是西班牙一个法西斯政党的领袖,而且一直觊觎西班牙王位。1965年,朱丽安娜的继承人比阿特丽克斯公主宣布与德国外交官克劳斯·冯·阿姆斯伯格订婚,而此人曾是希特勒青年团的成员,曾在"二战"中随德国国防军作战。愤怒的示威者挤满街头,谴责这桩婚事是叛国之举。有人预言这将是荷兰君主制的末日。但婚礼还是在1966年举行了,第二年,王子威勒姆-亚历山大降生,就这样,荷兰王室一百年来的第一位男性继承人平息了这场危机。

但这也并非荷兰奥兰治家族丑闻的终结。1976年,朱丽安娜女王的丈夫贝恩哈德亲王接受洛克希德公司一百一十万美元贿赂以游说荷兰政府签下一批战斗机订单的消息被曝光。就像格雷特·霍夫曼丝事件一样,洛克希德丑闻让人们对荷兰君主制的信誉产生了怀疑。普遍认为,正是这种信任危机促使朱丽安娜在1980年决定禅位给比阿特丽克斯。尽管如此,反对君主政体的群情依然高涨,就在比阿特丽克斯女王加冕的当天，4月30日，荷兰发生了暴动。

比阿特丽克斯在其王位继承人的婚姻大事上也差点惹出丑闻。威勒姆-亚历山大王子决定在2002年年初迎娶来自阿根廷的马克希玛·左雷圭塔。而马克希玛的父亲就是麻烦的根源：乔治·左雷圭塔曾在1976年至1981年间的阿根廷乔治·韦德拉独裁政府时期担任部长之职。看起来又有一桩王室婚姻要引发内政争议。但最终老左雷圭塔同意做出牺牲，不出席2002年2月2日女儿举行的婚礼，一场危机得以挽回。

在"二战"结束后的最初几年，当比利时和荷兰的君王们正焦头烂额，甚至还有传言他们即将垮台的时候，英国的王室家族却显得相对低调。爱德华八世的弟弟及继承人、乔治六世国王，以及伊丽莎白王后（即已故的王太后），都担负起重大的责任，要努力恢复因退位危机而受损的公众对君主政体的信心。乔治国王神经紧张而且口吃，他既没有准备当国王，也没有接受过相关训练，但他的困境还是让他获得了大量的公众同情，他对自己这份意外任务的处理方式也赢得了人们的钦佩。在战争期间，国王和王太后常常到受空袭地区慰问那些无家可归的人，这些行为增强了他们作为社会领导人和职责典范的声誉。同时在家庭方面，他们建构了一个幸福团结的王室家庭形象。在公众热情的支持下，他们显得很安全。

然而，1952年乔治国王逝世之后，形势再次转变。英国媒体渐渐变得不那么听话，反而不断地刺探王室的私人生活。很不幸的是，王室家族也给他们提供了把柄。首当其冲的是伊丽莎白二世女王的妹妹玛格丽特公主和离婚男子、王室侍从武官彼得·汤森上尉的罗曼史。玛格丽特遭受着放弃这门不合适的婚姻的巨大的压力。1955年，公主发表了一份公开声明，表示自己不会嫁给汤森，之后此事才最终息事宁人。然而，王室的麻烦并未了结。正是汤森事件使媒体得以大量披露王室个人信息以及大肆进行渲染揣测，媒体仿佛从此变得越来越不尊重君主政体，行为也变得愈发肆无忌惮起来。

遗憾的是，由于王室家族对争议性的报道默不作声，媒体非但没有就此收敛，反而加剧了对王室名人生活琐事的刺探。王室的目的是不想让自身卷入不体面的公众争议，这正给媒体提供了机会，使得它们可以肆意窥探和散布所谓的秘闻，而对这些东西，王室成员是几乎永远都不会诉诸公堂的。1969年，一个大约两小时的电视节目——《王室家族》——报道了女王及其丈夫和四个子女的真实生活，部分是出于对上述倾向的反击。6月21日播出的这部片子，展示了王室家族从来没有被人观察过的一面：下班之后共进晚餐，在家休息，聊天以及互相开玩笑。

对于电视观众来说，这就是一种揭秘。尽管人们一直以来对王室家族都有一种平易近人的印象，但他们在公开场合所表现出来的轻松和漫不经心，事实上都是经过精心导演的。镜头之下，王室成员们微笑、挥手，而通过与观众谨慎地保持一定距离，他们还是始终保留着一种神秘性。信息也依然受到严格的控制。比如，在"二战"期间，新闻影片中有关当时的伊丽莎白公主的任何一个镜头都要经过审查才能公映。1948年以前，有关王室活动的正式报道从来没有出现在广播之中。1953年，有人提议对伊丽莎白二世女王的加冕仪式进行电视直播，这一建议被白金汉宫负责仪式的官员直接否决了，最后是在女王自己的坚持之下才得以直播。

此时，媒体和公众似乎都认为，君主制和王室家族，尤其是女王，是不能批评的，只有十足的流氓无赖才会出言毁谤。1957年，无赖出现了，艾特林厄姆男爵约翰·格里格由于在文章中抨击君主制度"固步自封、与世隔绝"而受到嘲弄。艾特林厄姆还指责女王自认为高人一等，讲起话来却像个腼腆的小女生。惩罚既迅速又野蛮。约翰的电台以及其他事业都遭到封禁，本人也被俱乐部除名。在他接受电视采访之后，现场有一名观众起身一拳砸在他脸上。全国的媒体都对女王接受个人批评这一观念深感不安。

十二年后，这种不安情绪已成为过去，《王室家族》得以播映。影片产生了意想不到的负面影响，它非但没有消除怀疑与流言，反而引发了前所未有的刺探与干涉。此时王室隐私成为媒体广泛追逐的猎物，而玛格丽特公主再次成为首批目标。1973年，新闻记者跟随公主到加勒比岛，拍下了她和朋友——比她年轻的罗蒂·卢埃林——的合影。1978年，玛格丽特和丈夫安东尼·阿姆斯特朗－琼斯离婚，媒体对此事紧追不舍，要求公主在职责与罗蒂二者之间做一选择。玛格丽特被媒体描述为"既懒惰又颓废"，这是王室家族第一次遭受这样侮辱性的攻击，但这绝不是最后一次。

戴安娜，威尔士王妃，她吸引了一大批个人崇拜者，但她与查尔斯王子的婚姻却以丑闻告终。（新闻图片）

让媒体最为渴望的全力出击的兴奋点出现在1981年2月24日，当时，查尔斯王子与年仅十九岁、腼腆而怯懦的戴安娜·斯宾塞小姐在白金汉宫宣布订婚。从此，戴安娜小姐不断地遭到尾随跟踪和偷拍。7月29日，她和查尔斯的婚礼受到全球七千五百万电视观众瞩目，自此，新威尔士王妃成为新闻报纸和杂志上最熟悉的面孔。而实际上，只要她的面孔出现在封面之上，杂志也会变得很畅销。

英国媒体和民众一直盼着王室能出现一个像戴安娜这样的人物。而时尚界多年来也一直在期盼着有一位王族来担纲模特，他们很快就选中了高挑苗条、金发碧眼的王妃作为英国王室最著名的服饰偶像。威尔士王妃们从来都格外引人注目，她们是未来的王后，比起之后其丈夫登上王位、本人成为王后，此时的她们更容易接近，也更为友好。除了生育王位继承人之外，威尔士王妃们没有别的职责，因此她们可以按照最适合的方式自由地精心塑造自己的仪表。在戴安娜之前最出名的王妃是来自丹麦的亚历山德拉，即后来的爱德华七世国王的妻子，她的美貌和优雅、乐善好施以及对她那登徒子丈夫的婚外丑行的容忍所体现出来的勇敢坚强，都深深地赢得了维多利亚时代广大民众的爱戴。

而戴安娜还有另外一个优点：亚历山德拉来自王族，本身就是丹麦的公主；而戴安娜，尽管是伯爵的女儿，但终究仍是一位平民，这使得她与普通民众更为亲近。除此之外，戴安娜还有一种特别的本领能使自己显得宛若一位"邻家女孩"，使接触之人感觉就像自己的女儿或妹妹一样，在生完两个儿子之后，戴妃就像是一位能够和所有的母亲闲话家常的普通妈妈。在公共场合，她从不掩饰自己的感情。戴妃特别擅长于亲密接触式的待人方法，她会甜蜜地亲吻小孩子的脸蛋或者搂抱他们，还会和赶来看她的民众贴心交流。戴安娜声望中的这一方面是所有其他王室成员都不敢奢望的。

然而，这种名望不是英国王室成员自然会得到的声誉；它更接近于摇滚歌星或影视明星所追求的那种名气，就像那些灯光闪耀下的明星人物，光芒四射而魅力十足。这种形象通常会吸引来热爱、激动与迷恋，但无法获得忠诚和尊敬，与王室的尊贵也毫不相干。但无论是英国国内还是国外的公众，都被戴妃的形象所折服，对于她所从事的慈善事业、她对穷苦的人和受压迫者的同情，以及她对两个儿子威廉和哈里的母爱，乃至对与她有关的一切事情和所有的事情，人们都发自内心地充满感动。很快地，戴安娜的声望增长如此之迅速，以至于使得英国王室所有其他成员——也许除了已故的伊丽莎白王后，即王太后之外——全都黯然失色。

正是由于这些原因，公众对英国王室家族的看法也发生了微妙的变化。从前，人们认为王权代表着一种庄严、一种雄伟显赫的气派；而且人们相信，王权本来就是如此。然而，随着戴安娜带来的亲民之风，那种疏离的至尊感渐渐地显得僵硬而不通人情，而对于媒体的搬弄是非，王室家族拒绝回应的态度更加显得傲慢自大。

随着戴安娜与查尔斯王子的婚姻遭遇严重的麻烦，戴安娜式"知无不言"的危险和王室"距离感"的优势很快就分别显山露水。一开始在1981年，媒体将王子与王妃的结合形容为"神话般的婚姻"。然而，媒体从1982年起就暗示威尔士一家感情有麻烦。十年之后，当这场婚姻正面临崩溃之时，力劝二人离婚的催促之声仿佛夹着一种报复的快感。就这样，查尔斯和戴安娜本来可以退出人们的视线，以保留颜面的方式在私底下理智地解决感情难题，但他们没有丝毫这样的机会。整出戏都是用醒目的标题来书写，媒体残酷地揭露、肆意地揣测事情的进展，甚至还公开了查尔斯和戴安娜两人对情人的私人谈话录影带。对这种敏感话题的过分干预，迫使白金汉宫于1992年要求媒体投诉委员会（the Press Complains Commission）发表了一份谴责声明。文中写道：

> 最近，威尔士亲王及王妃的婚姻事务受到媒体部门，尤其是广播电台的不断刺探和妄自揣测，这是新闻记者染指他人心灵隐私的丑恶表现……

一个未曾被特别指出的重要事件是1992年安德鲁·默顿《戴安娜，真实的故事》一书的出版。这本哗众取宠、揭秘式的著作，是对1991年王妃结婚十周年时的几则煽情报道的猛烈抨击。默顿的书只是片面之词——出于戴安娜的立场，但它却引起了轩然大波。书中描述了一种破碎关系的痛苦状态，记载了王妃夫妇与查尔斯的女友卡米拉·帕克-鲍尔斯之间的"三角关系"，以及孤独无助的王妃由于丈夫的冷落和婆家的敌视与漠不关心，而饮食失调，甚至企图自杀等事情。尽管只有戴安娜本人才能对这场命中注定的婚姻了解得如此细致，但该书出版之时，所有当事人都坚决否认戴安娜本人对该书有任何参与。直到1997年戴妃去世之后，人们才得知戴安娜确实曾给与默顿充分的合作。

然而五年前，《戴安娜，真实的故事》一书对查尔斯亲王的名声影响如此之恶劣，媒体甚至开始质疑他的王位继承权以及君主制的延续问题。该书还是催化剂，最终加剧了亲王夫妇的隔阂，并为1996年二人的离婚奠定了基础。对王储离婚事件的高度关注，尤其是在媒体的轰炸声中真正采取离婚行动，都是英国前所未有的事情。尽管媒体在公开为戴安娜将要颠覆温莎家族的说法推波助澜，但英国君主制毕竟历经过多次危机，它的坚韧和适应能力很快就消除了这种观点。于是媒体大力鼓吹的前景很大程度上被证明不过是言过其辞而已。比如，曾有人盛传戴安娜控制着整个离婚谈判并提出诸多令这个不幸的王室家族不得不应允的条件。但事实上，皇家当局对戴安娜的名望以及她所承载的舆论同情都毫不在意，要重点保护的还是王位的合法继承人，这就是为何王室家族成员们都偏袒查尔斯亲王而对戴安娜毫不理睬。同样也是因为这个原因，一旦离婚判决生效，戴安娜便被剥夺了"王妃殿下"之衔，贴身护卫也被撤销。随后，与先前所有预料都截然相反的是，女王及其家族的声誉又重新得以恢复，而曾经怀疑查尔斯将被取消王位继承权的那种喧嚣一时的传言,也就杳无踪迹了。

随着1997年戴安娜在巴黎车祸中的意外死亡,戴安娜的传奇仿佛又要发展到一种近乎歇斯底里的热情高度,但这又是一次昙花一现。一年之内,媒体就多次承认,在戴安娜出殡的前一周内,记者和摄像师们混入聚集于伦敦的人群之中,集中拍摄了那些最为伤痛的情景;这些照片给人一种错觉,使人以为整个英国都悲痛欲绝、沉浸在深深的哀悼之中。曾经势不可挡的戴安娜的名声及时地从封面上消失了,正是这些封面曾热情地推动了其声名的发展。后来,只是在与之有关的事件成为新闻时,戴安娜的名字才重又出现;比如2002年戴安娜的管家鲍尔·伯勒尔被指控对戴安娜、查尔斯亲王和威廉王子实施过偷盗,但指控很快就戏剧性地被撤销,女王出示了证明其无罪的证据,审判就此中止。故事一结束,戴安娜再一次从媒体的头条中销声匿迹。

这一事件雄辩地证明了君主制的强大生命力:在英国及其他地方,君主制战胜了共和主义的挑战,屹立在一个民主世界中。强大的宣传机器也许能引发争论和轰动,树立起一个又一个名人,然后使其身败名裂,接着再换一个人物,如此循环往复,但这种方式却影响不了君主制,因为这种体制的背后是历史、传统、宗教、哲学,以及漫长的生存经验。

参考书目

Adamson, John (ed.), *The Princely Courts of Europe 1500-1750* (Weindenfeld & Nicolson, 1999)

Barer, Richard and Barker, Julier, *Tournaments* (Boydell Press, 2000)

Bentley, Tom and Wilsdon, James (eds), *Monarchies: what are Kings and Queens For?* (Demos Paperback, 2002)

Black, J.B., *The Reign of Elizabeth 1558-1603* (Oxford History of England, Clarendon Press, 2nd edn, 1959)

Bokhanov, Alexander et al., *The Romanovs: Love, Power and Tragedy* (Leppi Publications, 1993)

Bogdanor, Vernon, *The Monarchy and the Constitution* (Oxford University Press, 1997)

Bossuet, Jacques-Benigne, *Politics Drawn from the Words of Holy Scripture* (Cambridge University Press, 1999)

Brooke, John, *King George III* (Panther Books, Granada Publishing, 1974)

Church, William, *Richelieu and Reasons of State* (Princeton University Press, 1972)

Clark, Sir George, *The Later Stuarts 1660-1714* (Oxford History of England, Clarendon Press, 1992)

Davies, Godfrey, *The Early Stuarts 1603-1660* (Oxford History of England, Clarendon Press, 2nd edn, 1959)

Einhard (trans. Samuel Epes Turner), *The Life of Charlemagne* (New York: Harper & Brothers, 1880, University of Michigan Press, 1960 reprint)

Erlanger, Philippe, *Louis XIV* (Weidenfeld & Nicolson, 1970)

Frazer, Sir James, *Lectures on the Early History of Kingship* (Macmillan, 1905)

——, *The Golden Bough* (Oxford World Classics, 1994)

Hatton, Ragnhild, *George I: Elector and King* (Thames & Hudson, 1978)

Hibbert, Christopher, *Queen Victoria, a Personal History* (Harper Collins, 2000)

James, Lawrence, *Raj: The Making and Unmaking of British India* (Little Brown & Co., 1997)

Kautilya (trans. R. Shamasastry), *Arthashastra* (Mysore: Wesleyan Mission Press, 1923)

Kershaw, Roger, *Monarchy in South East Asia: The Faces of Tradition in Transition* (Routledge, 2001)

Lander, J. R., *The Limitations of English Monarchy in the Later Middle Ages* (The 1986 Joann Goodman Lectures, University of Toronto Press, 1989)

Lewis, Brenda Ralph, *The Aztecs* (Sutton Publishing, 1999)

——, Ritual *Sacrifice: A Concise History* (Sutton Publishing, 2001)

Livius, Titus (Livy), *The Rise of Rome*, Books 1-5 (Oxford World Classics, 1998)

Major, J. Russel, *From Renaissance Monarchy to Absolute Monarchy: French Kings, Nobles and Estates* (Johns Hopkins University Press, 1997)

Masanori, Nakamura, *The Japanese Monarchy: Ambassador Joseph Grew and the Making of the Symbol Emperor System 1931-1991* (M. E. Sharpe, 1992)

Mazumdar, Keshab Chandra, *Imperial Agra of the Moghuls* (Gaya Prasad & Sons, 1946)

Milton, Giles, *Big Chief Elizabeth* (Hodder & Stoughton, 2001)

——, *Samurai William: The Adventurer Who Unlocked Japan* (Hodder & Stoughton, 2002)

Monod, Paul Kleber, *The Power of Kings: Monarchy and Religion in Europe 1589-1715* (Yale University Press, 1999)

Nicolson, Harold, *Monarchy* (Weidenfeld & Nicolson, 1962)

Packard, Jerrold M., *Sons of Heaven: A Portrait of the Japanese Monarchy* (Collier Books, Macmillan, 1989)

Paludan, Ann, *Chronicle of the Chinese Emperors* (Thames & Hudson, 1998)

Plumb, J.H., *The First Four Georges* (Classic History, Penguin Books, 1956)

Price, Roger, *The Revolutions of 1848* (Studied in European History: Humanities Press

International,1988)

Richardson, Glenn, *Renaissance Monarchy* (Arnold Publishers and Oxford University Press, 2002)

Rose, Kenneth, *King George V* (Weidenfeld & Nicolson, 1983)

Watson, J. Steven, *The Reign of George III 1770-1815* (Clarendon Press, 1992)

Weintraub, Stanley, *The Importance of Being Edward: King in Waiting 1841-1901* (John Murray, 2000)

Williams, Basil, *The Whig Supremacy 1714-1760* (The Oxford History of England, Clarendon Press, 2000)

Wood, Dorothy, *Leo VI's Concept of Divine Monarchy* (Monarchist Press Association, Historical Series No.1, 1964)

Ziegler, Philip, *King Edward VIII* (Sutton Publishing, 2001)

新知文库

01 《证据：历史上最具争议的法医学案例》[美] 科林·埃文斯 著　毕小青 译
02 《香料传奇：一部由诱惑衍生的历史》[澳] 杰克·特纳 著　周子平 译
03 《查理曼大帝的桌布：一部开胃的宴会史》[英] 尼科拉·弗莱彻 著　李响 译
04 《改变西方世界的26个字母》[英] 约翰·曼 著　江正文 译
05 《破解古埃及：一场激烈的智力竞争》[英] 莱斯利·罗伊·亚京斯 著　黄中宪 译
06 《狗智慧：它们在想什么》[加] 斯坦利·科伦 著　江天帆、马云霏 译
07 《狗故事：人类历史上狗的爪印》[加] 斯坦利·科伦 著　江天帆 译
08 《血液的故事》[美] 比尔·海斯 著　郎可华 译　张铁梅 校
09 《君主制的历史》[美] 布伦达·拉尔夫·刘易斯 著　荣予、方力维 译
10 《人类基因的历史地图》[美] 史蒂夫·奥尔森 著　霍达文 译
11 《隐疾：名人与人格障碍》[德] 博尔温·班德洛 著　麦湛雄 译
12 《逼近的瘟疫》[美] 劳里·加勒特 著　杨岐鸣、杨宁 译
13 《颜色的故事》[英] 维多利亚·芬利 著　姚芸竹 译
14 《我不是杀人犯》[法] 弗雷德里克·肖索依 著　孟晖 译
15 《说谎：揭穿商业、政治与婚姻中的骗局》[美] 保罗·埃克曼 著　邓伯宸 译　徐国强 校
16 《蛛丝马迹：犯罪现场专家讲述的故事》[美] 康妮·弗莱彻 著　毕小青 译
17 《战争的果实：军事冲突如何加速科技创新》[美] 迈克尔·怀特 著　卢欣渝 译
18 《最早发现北美洲的中国移民》[加] 保罗·夏亚松 著　暴永宁 译
19 《私密的神话：梦之解析》[英] 安东尼·史蒂文斯 著　薛绚 译
20 《生物武器：从国家赞助的研制计划到当代生物恐怖活动》[美] 珍妮·吉耶曼 著　周子平 译
21 《疯狂实验史》[瑞士] 雷托·U.施奈德 著　许阳 译
22 《智商测试：一段闪光的历史，一个失色的点子》[美] 斯蒂芬·默多克 著　卢欣渝 译
23 《第三帝国的艺术博物馆：希特勒与"林茨特别任务"》[德] 哈恩斯-克里斯蒂安·罗尔 著　孙书柱、刘英兰 译
24 《茶：嗜好、开拓与帝国》[英] 罗伊·莫克塞姆 著　毕小青 译
25 《路西法效应：好人是如何变成恶魔的》[美] 菲利普·津巴多 著　孙佩妏、陈雅馨 译
26 《阿司匹林传奇》[英] 迪尔米德·杰弗里斯 著　暴永宁、王惠 译

27 《美味欺诈：食品造假与打假的历史》[英] 比·威尔逊 著　周继岚 译

28 《英国人的言行潜规则》[英] 凯特·福克斯 著　姚芸竹 译

29 《战争的文化》[以] 马丁·范克勒韦尔德 著　李阳 译

30 《大背叛：科学中的欺诈》[美] 霍勒斯·弗里兰·贾德森 著　张铁梅、徐国强 译

31 《多重宇宙：一个世界太少了？》[德] 托比阿斯·胡阿特、马克斯·劳讷 著　车云 译

32 《现代医学的偶然发现》[美] 默顿·迈耶斯 著　周子平 译

33 《咖啡机中的间谍：个人隐私的终结》[英] 吉隆·奥哈拉、奈杰尔·沙德博尔特 著　毕小青 译

34 《洞穴奇案》[美] 彼得·萨伯 著　陈福勇、张世泰 译

35 《权力的餐桌：从古希腊宴会到爱丽舍宫》[法] 让－马克·阿尔贝 著　刘可有、刘惠杰 译

36 《致命元素：毒药的历史》[英] 约翰·埃姆斯利 著　毕小青 译

37 《神祇、陵墓与学者：考古学传奇》[德] C. W. 策拉姆 著　张芸、孟薇 译

38 《谋杀手段：用刑侦科学破解致命罪案》[德] 马克·贝内克 著　李响 译

39 《为什么不杀光？种族大屠杀的反思》[美] 丹尼尔·希罗、克拉克·麦考利 著　薛绚 译

40 《伊索尔德的魔汤：春药的文化史》[德] 克劳迪娅·米勒－埃贝林、克里斯蒂安·拉奇 著　
王泰智、沈惠珠 译

41 《错引耶稣：〈圣经〉传抄、更改的内幕》[美] 巴特·埃尔曼 著　黄恩邻 译

42 《百变小红帽：一则童话中的性、道德及演变》[美] 凯瑟琳·奥兰丝汀 著　杨淑智 译

43 《穆斯林发现欧洲：天下大国的视野转换》[英] 伯纳德·刘易斯 著　李中文 译

44 《烟火撩人：香烟的历史》[法] 迪迪埃·努里松 著　陈睿、李欣 译

45 《菜单中的秘密：爱丽舍宫的飨宴》[日] 西川惠 著　尤可欣 译

46 《气候创造历史》[瑞士] 许靖华 著　甘锡安 译

47 《特权：哈佛与统治阶层的教育》[美] 罗斯·格雷戈里·多塞特 著　珍栎 译

48 《死亡晚餐派对：真实医学探案故事集》[美] 乔纳森·埃德罗 著　江孟蓉 译

49 《重返人类演化现场》[美] 奇普·沃尔特 著　蔡承志 译

50 《破窗效应：失序世界的关键影响力》[美] 乔治·凯林、凯瑟琳·科尔斯 著　陈智文 译

51 《违童之愿：冷战时期美国儿童医学实验秘史》[美] 艾伦·M. 霍恩布鲁姆、朱迪斯·L. 纽曼、
格雷戈里·J. 多贝尔 著　丁立松 译

52 《活着有多久：关于死亡的科学和哲学》[加] 理查德·贝利沃、丹尼斯·金格拉斯 著　白紫阳 译

53 《疯狂实验史Ⅱ》[瑞士] 雷托·U. 施奈德 著　郭鑫、姚敏多 译

54 《猿形毕露：从猩猩看人类的权力、暴力、爱与性》[美] 弗朗斯·德瓦尔 著　陈信宏 译

55 《正常的另一面：美貌、信任与养育的生物学》[美] 乔丹·斯莫勒 著　郑嬿 译

56	《奇妙的尘埃》[美] 汉娜·霍姆斯 著　陈芝仪 译	
57	《卡路里与束身衣：跨越两千年的节食史》[英] 路易丝·福克斯克罗夫特 著　王以勤 译	
58	《哈希的故事：世界上最具暴利的毒品业内幕》[英] 温斯利·克拉克森 著　珍栎 译	
59	《黑色盛宴：嗜血动物的奇异生活》[美] 比尔·舒特 著　帕特里曼·J. 温 绘图　赵越 译	
60	《城市的故事》[美] 约翰·里德 著　郝笑丛 译	
61	《树荫的温柔：亘古人类激情之源》[法] 阿兰·科尔班 著　苜蓿 译	
62	《水果猎人：关于自然、冒险、商业与痴迷的故事》[加] 亚当·李斯·格尔纳 著　于是 译	
63	《囚徒、情人与间谍：古今隐形墨水的故事》[美] 克里斯蒂·马克拉奇斯 著　张哲、师小涵 译	
64	《欧洲王室另类史》[美] 迈克尔·法夸尔 著　康怡 译	
65	《致命药瘾：让人沉迷的食品和药物》[美] 辛西娅·库恩等 著　林慧珍、关莹 译	
66	《拉丁文帝国》[法] 弗朗索瓦·瓦克 著　陈绮文 译	
67	《欲望之石：权力、谎言与爱情交织的钻石梦》[美] 汤姆·佐尔纳 著　麦慧芬 译	
68	《女人的起源》[英] 伊莲·摩根 著　刘筠 译	
69	《蒙娜丽莎传奇：新发现破解终极谜团》[美] 让-皮埃尔·伊斯鲍茨、克里斯托弗·希斯·布朗 著　陈薇薇 译	
70	《无人读过的书：哥白尼〈天体运行论〉追寻记》[美] 欧文·金格里奇 著　王今、徐国强 译	
71	《人类时代：被我们改变的世界》[美] 黛安娜·阿克曼 著　伍秋玉、澄影、王丹 译	
72	《大气：万物的起源》[英] 加布里埃尔·沃克 著　蔡承志 译	
73	《碳时代：文明与毁灭》[美] 埃里克·罗斯顿 著　吴妍仪 译	
74	《一念之差：关于风险的故事与数字》[英] 迈克尔·布拉斯兰德、戴维·施皮格哈尔特 著　威治 译	
75	《脂肪：文化与物质性》[美] 克里斯托弗·E. 福思、艾莉森·利奇 编著　李黎、丁立松 译	
76	《笑的科学：解开笑与幽默感背后的大脑谜团》[美] 斯科特·威姆斯 著　刘书维 译	
77	《黑丝路：从里海到伦敦的石油溯源之旅》[英] 詹姆斯·马里奥特、米卡·米尼奥-帕卢埃洛 著　黄煜文 译	
78	《通向世界尽头：跨西伯利亚大铁路的故事》[英] 克里斯蒂安·沃尔玛 著　李阳 译	
79	《生命的关键决定：从医生做主到患者赋权》[美] 彼得·于贝尔 著　张琼懿 译	
80	《艺术侦探：找寻失踪艺术瑰宝的故事》[英] 菲利普·莫尔德 著　李欣 译	
81	《共病时代：动物疾病与人类健康的惊人联系》[美] 芭芭拉·纳特森-霍洛威茨、凯瑟琳·鲍尔斯 著　陈筱婉 译	
82	《巴黎浪漫吗？——关于法国人的传闻与真相》[英] 皮乌·玛丽·伊特韦尔 著　李阳 译	

83 《时尚与恋物主义:紧身褡、束腰术及其他体形塑造法》[美]戴维·孔兹 著 珍栎 译
84 《上穷碧落:热气球的故事》[英]理查德·霍姆斯 著 暴永宁 译
85 《贵族:历史与传承》[法]埃里克·芒雄-里高 著 彭禄娴 译
86 《纸影寻踪:旷世发明的传奇之旅》[英]亚历山大·门罗 著 史先涛 译
87 《吃的大冒险:烹饪猎人笔记》[美]罗布·沃乐什 著 薛绚 译
88 《南极洲:一片神秘的大陆》[英]加布里埃尔·沃克 著 蒋功艳、岳玉庆 译
89 《民间传说与日本人的心灵》[日]河合隼雄 著 范作申 译
90 《象牙维京人:刘易斯棋中的北欧历史与神话》[美]南希·玛丽·布朗 著 赵越 译
91 《食物的心机:过敏的历史》[英]马修·史密斯 著 伊玉岩 译
92 《当世界又老又穷:全球老龄化大冲击》[美]泰德·菲什曼 著 黄煜文 译
93 《神话与日本人的心灵》[日]河合隼雄 著 王华 译
94 《度量世界:探索绝对度量衡体系的历史》[美]罗伯特·P.克里斯 著 卢欣渝 译
95 《绿色宝藏:英国皇家植物园史话》[英]凯茜·威利斯、卡罗琳·弗里 著 珍栎 译
96 《牛顿与伪币制造者:科学巨匠鲜为人知的侦探生涯》[美]托马斯·利文森 著 周子平 译
97 《音乐如何可能?》[法]弗朗西斯·沃尔夫 著 白紫阳 译
98 《改变世界的七种花》[英]詹妮弗·波特 著 赵丽洁、刘佳 译
99 《伦敦的崛起:五个人重塑一座城》[英]利奥·霍利斯 著 宋美莹 译
100 《来自中国的礼物:大熊猫与人类相遇的一百年》[英]亨利·尼科尔斯 著 黄建强 译